Chaque jour
se réinventer

Jean-Michel Aulas
avec la collaboration d'Olivier Blanc

Chaque jour se réinventer

Les leçons d'une vie : le président de l'Olympique lyonnais se confie

Stock

Ouvrage publié sous la direction de Benoît Heimermann

Couverture : Le Petit Atelier
Photo : © Richard Gardette

ISBN 978-2-234-09254-9

À ma mère,
avec qui j'aurais tellement aimé partager ce livre

1

Je serai entrepreneur

Nous avons tous quelques dates essentielles qui marquent et balisent notre existence. Des douleurs avec lesquelles il faut apprendre à composer à défaut de pouvoir complètement les surmonter. Des bonheurs familiaux toujours exceptionnels à nos cœurs attendris. Des joies immenses. Des déceptions incommensurables. Des décisions. Des rencontres. Des erreurs. Des échecs. La vie.

Je n'y échappe pas. Mes dates sont précises, fondamentales. Le 14 septembre 1977. Le 5 janvier 1986. Le 9 janvier 2016. Beaucoup d'autres encore qui m'ont marqué à jamais. Ces moments m'ont construit. Certains se sont imposés dans l'épreuve, d'autres à force de persévérance, d'autres enfin dans une complète harmonie, pour ne pas parler de béatitude.

Et puis il y a la date qui change tout. Celle qui, à mes yeux, a signifié que j'étais prêt à prendre ma destinée en main. L'instant fondateur qui a déterminé le pourquoi de mon existence. Le lundi 23 juin 1969.

En pénétrant dans l'étude de maître de Mijolla à Pontcharra-sur-Turdine, petite commune du bas-Beaujolais à quelques kilomètres de L'Arbresle où résident mes parents, je n'ai pas pleinement conscience de ce qui se trame et encore moins de ce qui va se dérouler. J'ai à peine plus de vingt ans. Je boucle ma deuxième année de brevet technique et scientifique (BTS) et je viens de découvrir – en tant que joueur – la division 1 de handball sous les couleurs de l'ASCEM Lyon. Je pense ne me distinguer en rien de la moyenne des jeunes qui m'entourent et que je fréquente. À un détail près peut-être : quelques semaines plus tôt, j'ai pris les devants et expliqué à mes parents que j'avais élaboré un projet légèrement différent de ce qu'ils avaient envisagé pour moi. Tous deux enseignants, mon père professeur de français, ma mère de mathématiques, me voyaient au seuil d'un parcours universitaire plus long que les deux années requises pour l'obtention d'un BTS.

En vérité, mon père ne s'était jamais posé la question de ce que je pourrais ou voudrais faire. Lui qui tout en travaillant n'a jamais cessé d'apprendre, lire, écrire, débattre, échanger, ne pouvait pas imaginer que je me contente d'un cursus aussi bref. Il ne rêvait à rien de spécial pour moi, ne s'était même pas interrogé sur mon avenir, mais deux petites années lui paraissaient un laps de temps bien court pour espérer embrasser une carrière un tant soit peu sérieuse. Ma mère, elle, avait renoncé depuis un moment. Elle m'avait longtemps espéré dentiste – et c'était encore le cas quand ma sœur avait entamé ses études de pharmacie –, sans soupçonner une seconde qu'elle allait être trahie par son propre goût pour les mathématiques. Attirée par l'informatique, cette science nouvelle qui suscitait l'intérêt des plus curieux dans les années 60 tout en paralysant les autres, ma mère m'a transmis cette passion qui finalement m'a tenu à distance des premières aspirations qu'elle avait formulées à mon égard. Inscrit en BTS comptabilité informatique à La Martinière, une école de Lyon située entre les pentes de la Croix-Rousse et le plateau de la Duchère, je m'étais vite convaincu que je ne serais pas dentiste. Mes parents se résignèrent. Fidèles à leurs valeurs et à leurs principes, ils étaient très tolérants. L'éducation somme toute stricte, pour ne pas dire sévère, qu'ils m'ont inculquée n'a pas freiné ma liberté de choix. L'esprit de Mai 68 était passé par là.

Début 1969, j'explique donc à mes parents ma décision de mettre un terme à mes études après l'obtention de ce fameux BTS, afin de créer en bonne et due forme une société avec trois de mes copains. La Société lyonnaise d'analyse et de programmation (SLAP) avait pour vocation de développer des outils informatiques.

Le principe même de créer son entreprise était étranger à mes parents. Fonctionnaires à part entière, soldats dévoués du service public, ils n'entendaient rien au monde des affaires, sans parler de l'informatique qui pour mon père, exclusivement littéraire, était réservée au mieux à quelques initiés.

Pendant plusieurs semaines, les questions ont fusé de partout. Ton projet est-il viable ? En quoi consistent exactement ces produits informatiques ? Avec quels moyens les financeras-tu ? As-tu mesuré la part de risque ? Quels sont les débouchés ? Les promesses de développement ? Mes parents, eux, ne m'en posèrent qu'une, la plus judicieuse sans aucun doute : « Que peut-on faire ? » De mon côté, une seule chose me préoccupait : qu'ils acceptent mon émancipation. À l'époque la majorité était encore fixée à vingt et un ans. Un cap que l'on devait avoir passé pour obtenir le droit de créer son entreprise.

Le 23 juin 1969, ma mère, mon père et moi sommes donc reçus par maître de Mijolla. Mes parents expriment leur demande sans appréhension, avec même, peut-être, une certaine fierté. Le juge d'instance de Tassin-la-Demi-Lune officialise mon statut quelques jours plus tard. J'ai un peu plus de vingt ans et deviens majeur. Je suis juridiquement responsable de mes faits et gestes. Libre. Autonome. Indépendant. Je m'appartiens. Je vais pouvoir créer mon entreprise même si je suis un gamin, qui veut mais ne sait pas encore. Ma vie commence. Ce 23 juin 1969 je suis devenu un entrepreneur à part entière.

2

Mon enfance

L'Arbresle est une petite commune située au sud du Beaujolais, à trente kilomètres de Villefranche-sur-Saône et à cinquante au nord-ouest de Lyon. Moins de quatre mille habitants mais une école et un hôpital avec une maternité. Je nais dans ce décor banal et rassurant à la fois, le 22 mars 1949. Mes parents sont enseignants au collège public de L'Arbresle et habitent, comme de juste, la maison des instituteurs, un immeuble de deux étages dans le quartier du Bizair, avec ma sœur aînée d'un an, Françoise. Pour l'heure mon univers se limite à ce village, avec un chapelet de fermes disséminées au milieu de champs à perte de vue, et l'inlassable cliquetis des métiers à tisser qui s'échappe encore de quelques maisons. Ma famille est heureuse et l'existence sans remous particuliers.

Plutôt turbulent de nature, je suis un peu l'empêcheur de tourner en rond de ce bel ordonnancement.

Je ne facilite en tout cas pas la vie de mes parents, qui partagent leur quotidien avec mes instituteurs. À leurs yeux, je me dois d'être exemplaire, mais je suis indiscipliné, notoirement incontrôlable, doué mais pas travailleur pour deux sous. Peu passionné par les études et l'école, je me signale davantage en dehors.

Curieux, dynamique pour ne pas dire hyperactif, je n'arrête jamais et n'ai peur de rien. Le vélo, la pêche à la ligne ou aux grenouilles, le sport, autant de découvertes que je partage la plupart du temps avec Georges, mon inséparable copain. Mon grand-père maternel m'appelle « Brisac » parce que je touche à tout, tout le temps, et casse pas mal de choses par la même occasion.

Le jeudi après-midi, je vais régulièrement voir travailler mon autre grand-père, coiffeur, rue Nationale à Villefranche-sur-Saône. Je passe des heures à admirer son savoir-faire. La pile électrique que je suis apprend petit à petit à se poser, à observer, à comprendre. À Françoise et moi, gamins de la campagne, Villefranche apparaît immense, une ville avec une multitude de commerces, dont la maison de la presse tenue par une tante de maman. Nous y restons des heures, assis par terre, à regarder les magazines, en particulier ceux de sport.

Pendant les vacances, je vais de longues semaines chez mes grands-parents maternels à Épineuil-le-Fleuriel dans le Berry, une bourgade d'à peine mille habitants où l'écrivain Alain-Fournier a vécu une partie de son enfance. L'école du village, me l'a-t-on assez répété d'un ton plein de respect, est celle qui servit de décor à son célébrissime *Grand Meaulnes*.

Mon grand-père, Gabriel, est forgeron. Dès qu'il quitte son atelier, il m'apprend à taquiner le goujon ou à élever des escargots, avant de me demander gentiment mais fermement d'aller retrouver les autres enfants du village. Lui peut alors rejoindre sa « pente douce », sa cave, où il termine la journée avec ses amis.

Ces semaines à courir partout en toute liberté dans une campagne bénie est un pur bonheur pour un gamin de mon âge en passe d'entrer dans l'adolescence. Au début des années 60, mon grand-père fermera définitivement sa forge mais restera à jamais attaché à son cher Berry, qu'il continuera de fréquenter assidûment comme représentant de commerce pour une marque de machines à traire. Preuve de fidélité incontestable : en 1967, il se tiendra en bonne place parmi les figurants du *Grand Meaulnes* réalisé par Jean-Gabriel Albicocco avec Jean Blaise et Brigitte Fossey dans les rôles principaux. Une silhouette anonyme devenue une légende familiale ou peu s'en faut.

Dans l'appartement de mes parents, l'ambiance est feutrée. Notre éducation à ma sœur et moi est cadrée et ouverte à la fois. Tout est clair, évident, sans nuance : il y a ce qu'il faut faire et ce qu'il ne faut pas faire, le bien et le mal, le tolérable, l'intolérable, une échelle de valeurs, un code de conduite

« intérieur », je dirais immuable, sans être exagérément contraignant. Et puis, en dehors, il y a la vie, la société, la politique, qui ne nous appartient pas mais qui mérite débat. Tout au sein de notre quatuor est prétexte aux échanges. L'actualité anime nos repas, sans tabou ni interdit, sans allégation que ma sœur et moi serions trop jeunes. Mon père disserte sur les événements et leurs enchaînements. Ma mère use de son pragmatisme pour nuancer son discours. Résultat : Françoise et moi nous intéressons à tout. Plus les années passent, plus je suis demandeur et plus je suis comblé.

Nous voyons souvent les Chambard et les Schmitt. Pharmacien installé sur la place de L'Arbresle, Charles Chambard fait partie des notables du village. Passionné par son métier, il sera le père spirituel de ma sœur, qui suivra le même cursus avant d'ouvrir une officine à Rouen, où elle s'installera avec son mari. Les Schmitt sont assurément les meilleurs amis de mes parents, professeurs comme eux. Jeannette Schmitt est ma marraine. Une femme merveilleuse, cultivée, délicate, mère de deux garçons qui s'avéreront brillants l'un comme l'autre, chacun dans son domaine. Michel sera professeur, agrégé d'université en littérature à Lyon où il vit toujours ; Bernard, son frère, deviendra un homme de spectacle reconnu. Ami d'enfance de Jean-Jacques Goldman, il contribua à ses réussites initiales, c'est lui qui, en particulier, réalisa la plupart de ses clips. Il était aussi très proche de Johnny

Hallyday dont il a mis en scène plusieurs spectacles à Bercy ou ailleurs. Plus tard, j'apprendrais que Jeannette, ma marraine, était également celle de Jean-Jacques Goldman.

D'autres relations, d'autres connaissances croisées à la maison ont fait mon bonheur et suscité ma curiosité. Écrivains, peintres, journalistes, hommes politiques, notre salon a servi de point de rendez-vous à tous les types de personnages capables d'émerveiller un enfant. Les artistes en particulier ont tout pour plaire, leur allure, leur style, leurs vêtements, leurs mots. Ils étonnent souvent, inquiètent parfois, mais pour un jeune adolescent ils possèdent surtout l'avantage de parler une autre langue que celle pratiquée d'ordinaire par les adultes.

Le rituel est toujours le même. Je suis là en tout début de soirée lorsqu'ils arrivent. Je dîne en vitesse pendant qu'ils entament leurs échanges, puis je me fais petit dans un coin du salon et bois leurs propos en espérant que mes parents oublieront de me demander d'aller me coucher. C'est souvent le cas. Lorsque les invités s'éclipsent les uns après les autres, je dors à poings fermés sur un tapis ou au fond d'un canapé. L'écrivain Bernard Clavel, auteur de *La Grande Patience* (tout un programme !), est un de ces visiteurs du soir, mais aussi Armand Lanoux ou Philippe Greffet ; les peintres Georges Laporte et Bernard Buffet ; Roger Gouze, professeur de philosophie, et sa sœur Danielle, l'épouse de François Mitterrand, dont mon père partage et défend les convictions. Toutes ces personnalités me fascinent du fait de leurs passions respectives et plus encore de leur manière d'en exprimer les tenants et les aboutissants. Je ne comprends ni ne maîtrise tous ces débats qui souvent me dépassent, mais j'écoute le plus attentivement possible, ce qui est déjà beaucoup.

Grand ami de mon père et très proche des Schmitt, Philippe Greffet est l'exemple type de ces intellectuels qui vous envoûtent d'un regard et vous absorbent dès qu'ils racontent quelque chose. Je tends l'oreille et je me retrouve en Argentine où il a dirigé l'Alliance française de Santa Fe. Je n'ai pas dix ans, mais m'imagine déjà explorant la pampa ou les Andes. Lorsque, de retour définitif d'Amérique du Sud, il deviendra professeur de lettres au lycée du Parc de Lyon et correspondant du *Monde* dans cette même ville, je nourrirai pour lui une admiration sans frein.

Mon père, qui a toujours eu des envies d'ailleurs, aurait aimé nous emmener sur ses traces. À défaut d'être nommé en Amérique du Sud, il obtint sur la recommandation de Philippe Greffet un poste à l'Alliance française au Portugal. Malheureusement, déjà rétive, ma mère lui opposa un veto définitif au moment où nous bouclions nos bagages. À défaut de grand départ, mon père écrit des articles et des livres sur ces artistes et intellectuels, à qui il donne aussi parfois une préface. Il est dans son univers, me parle d'eux quand ils ne sont pas là et me fait le bonheur de m'installer au premier rang quand ils nous rendent visite. J'apprends à voir des gens si différents de notre quotidien que rien ne me semble alors plus riche, plus intéressant que ce qui m'échappe.

Je ne suis pas un artiste et ne le serai jamais. Cette situation ne me frustre pas. Je me délecte de la passion des autres. Privé de dons, et de toute façon pas assez armé pour suivre leurs raisonnements, c'est leur enthousiasme qui me touche, leurs connaissances qui me nourrissent. Je m'instruis sans le savoir. Je ne suis bientôt plus un enfant.

Professeur de français, pur littéraire, mon père est hyper brillant. Il se distingue par ses connaissances, devient une référence dans le Beaujolais grâce à ses nombreux ouvrages, comme *Empreintes* ou *L'Inconnu de Thizy*, biographie de son ami le peintre Maurice Montet. Il lit admirablement bien et cherche toujours à séduire ceux qui l'écoutent, la famille comme les amis. Ma mère, beaucoup plus discrète et plus fragile, assure un certain équilibre familial. Elle m'a transmis son amour des sciences qu'elle enseigne, je lui voue une admiration toute particulière et l'aime profondément.

Avec ma sœur nous convenons d'avoir eu tous les deux une enfance facile, plutôt heureuse, même si s'immisce rapidement dans mon esprit une propension à craindre le pire. Je deviens angoissé, et d'abord à l'idée de me rendre à l'école. Le soir, je ne m'endors que si mes parents sont bien rentrés. Dans le cas contraire, je dois attendre leur retour, terrorisé à l'idée qu'il leur arrive quelque chose. Tout est propice à faire naître en moi une crainte, une appréhension. Ces angoisses me rendent malheureux mais je m'en accommode. J'ai un peu plus d'une dizaine d'années et j'ignore tout de la vie. Tout cela me paraît normal. C'est comme ça, je dois faire avec.

En 1959, je découvre le collège à Tarare, à une vingtaine de kilomètres de chez nous. Demi-pensionnaire, je m'éloigne pour la première fois du cercle familial. Mon quotidien change du tout au tout. Je me lève plus tôt, découvre le train au petit jour, les joies de la cantine. L'adolescent que je suis s'endurcit, prend forme et apprend à jongler avec ses angoisses nocturnes, sa recherche de personnalité et les premières absences de sa mère.

Quatre ans plus tard, fini le collège, place au lycée. Oublié Tarare, direction Villefranche. Le passage n'est pas seulement brutal, il est essentiel. Je me sens différent et mon monde bascule. À cette époque, ma mère doit se reposer, quelques semaines d'abord, puis ce sera des mois d'affilée. Je ne suis qu'un adolescent, mais je découvre le besoin de m'assumer. Je veux devenir pensionnaire. Il me semble que ma vie m'appartiendra davantage. Je subis une véritable métamorphose. Pour la première fois, je pense devoir rendre des comptes. Je me sens fort et je me mets à positiver. Tout me paraît désormais possible.

J'apprécie de ne plus être tous les jours à la maison, où les relations entre mes parents se compliquent, à tout le moins. J'apprends à contourner les obstacles de la vie, je minimise au mieux les ennuis et je m'astreins à trouver du tangible même dans la difficulté. Une conduite dont je ferai la ligne directrice de ma vie.

Mon implication scolaire au lycée Claude-Bernard demeure limitée, au regard de mes activités extérieures. Avec Georges, je suis inscrit au mouvement des francs et franches camarades (Francas), où les opportunités sont exceptionnelles. Nous, les petits villageois, nous initions au ski, à la voile, à des activités sportives étrangères à nos habitudes. Plus prosaïquement, les Francas nous expliquent la vie. Donner au stagiaire d'aujourd'hui le goût de devenir le moniteur de demain. On adhère au principe qui ne recouvre pas, alors, le concept de « transmission ». Quelques années plus tard, élevés au grade de moniteurs capacitaires ski et voile, Georges et moi encadrerons à notre tour des camps Francas.

Vers la fin de ma première année de lycée, je découvre dans le quotidien *Le Progrès*, auquel collabore mon père, le projet de création d'un club de handball à L'Arbresle. Cela fait quelques mois que j'ai débuté dans ce sport à l'internat de Villefranche et cette activité m'intéresse davantage que le foot que je pratique depuis toujours avec les gamins du village. En vérité, je le concède, je suis meilleur au hand.

Je convaincs Georges de m'accompagner, et nous voilà tous les deux dans un café où un grand gaillard aidé de quelques soutiens expose ses intentions.

J'ai quinze ans, Georges en a seize. Il n'y a que des adultes autour de nous. Quelques semaines plus tard naît le Handball Club du Pays de l'Arbresle. Nous sommes au printemps 1964. Nous disputerons avec Georges un mois plus tard le premier match de notre club en complétant l'équipe senior engagée dans un tournoi à Denicé, autre village du Beaujolais.

Explosif, rapide, j'ai aussi la chance d'être ambidextre, ce qui me différencie de la plupart des joueurs et perturbe mes adversaires. Je progresse et suis rapidement appelé en sélection du Lyonnais, avant de connaître un arrêt, temporaire mais brutal. Probablement un peu trop téméraire, j'ai récolté plusieurs fractures aux vertèbres à l'occasion d'un accident de ski aux Menuires. J'ai seize ans. Une greffe osseuse est nécessaire ainsi que le port d'un corset pendant six longs mois.

Quelques années plus tôt peut-être me serais-je effondré, mais j'ai gagné en force de caractère. Je positive et je veux réussir ce que j'entreprends. La priorité de l'instant est : jouer au handball. J'abandonne malgré moi l'idée de devenir professeur d'éducation physique, difficilement compatible avec cette blessure. J'ai encore quelques mois pour trouver mon chemin, mais ce ne sera pas celui de l'Éducation nationale si chère à mes parents.

Un an plus tard, je retrouve mes copains handballeurs de L'Arbresle et, toujours avec Georges, nous encadrons les Francas : ski l'hiver à La Toussuire puis voile l'été dans le golfe de Valinco en Corse.

Je vais jouer une dizaine d'années au handball. Pendant deux saisons, j'apprends à souffrir en première division avec l'ASCEM Lyon et avec Villefranche, deux tout petits clubs face à Ivry, Dijon et surtout Marseille et son SMUC, club star des années 60 avec dans ses rangs un certain Daniel Costantini, auquel je ferai appel beaucoup plus tard pour son art du management. Je continuerai ensuite en Nationale 2 avec Villefranche, puis avec L'Arbresle, tout en débutant mon activité professionnelle. Quel beau sport que le handball ! Une activité où la rigueur, la technique, la vitesse, la force, la malice se conjuguent et se confondent, me semble-t-il, à merveille. Un temps en retrait, le hand est devenu une spécialité française. Je m'en réjouis chaque fois que l'équipe nationale, masculine ou féminine, se distingue.

Après mon bac décroché en 1967 et un été supplémentaire passé à encadrer le camp de voile des Francas à Propriano, me voilà à Lyon où je m'inscris en BTS comptabilité informatique à La Martinière. Sans réelle conviction ni absolue certitude. Si le fait d'entamer un cursus court me rassure, si la filière choisie correspond à mes inclinations de matheux et mes curiosités informatiques, j'ai bien du mal à appréhender la suite de mon parcours.

À Lyon, j'habite un petit appartement rue Balthazar, derrière l'hôpital Édouard-Herriot, avec ma sœur qui entre en deuxième année de pharmacie.

La vie d'étudiant est une nouvelle étape vers l'affranchissement familial, une liberté qui va rapidement prendre une autre dimension à l'approche de mai 1968. À La Martinière, l'agitation étudiante est la même que dans les facs, avec un lien essentiel : l'Union nationale des étudiants français (UNEF), à laquelle j'adhère bientôt. Côté manifestations je suis actif, mais plus encore du côté de la réflexion.

La direction locale de l'UNEF me le rend bien, qui m'invite à participer à un certain nombre d'actions et d'animations, une sorte de brainstorming permanent où la spontanéité est le maître mot. De fil en aiguille, je me retrouve à Paris avec mission de me rapprocher au mieux du centre des discussions. Je découvre la Sorbonne et l'effervescence qui y règne. J'apporte ma contribution à la rédaction de diverses motions, l'activité préférée des étudiants à ce moment-là. Ce à quoi j'aspire, c'est trouver des solutions efficaces, l'idéologie ne m'intéresse guère.

Je m'apercevrai plus tard à quel point cette période m'a façonné en m'apprenant ce qui sera toujours capital pour moi : savoir se renouveler, s'interdire de faire et refaire les choses de manière répétitive. Avec l'UNEF, j'ai l'opportunité de participer directement à des débats sur le monde du travail dont j'ignore l'essentiel. Dans les comités d'étudiants, nous échangeons avec des représentants de syndicats professionnels. Une découverte d'autant plus enrichissante qu'elle a lieu en plein bouleversement des règles de fonctionnement de la société.

J'ai le bonheur d'assister à plusieurs interventions de Daniel Cohn-Bendit, l'une des figures du mouvement. Il exerce alors sur moi la même fascination que certains des amis de mon père à l'époque où je les écoutais, caché dans un coin du salon familial. J'ai dix-neuf ans, il est à peine plus âgé que moi, mais possède une personnalité et surtout une force de persuasion incroyable. Sans les événements de 68, je ne serais pas devenu aussi vite ce que je suis devenu, et j'aurais probablement pris une voie qui m'aurait rapproché de mes parents, plus normée, plus classique.

Pas de doute, c'est au cours de ce printemps si particulier que m'est apparue l'évidence que tout est possible en ce bas monde et, plus important encore, qu'à force de conviction il y a moyen de fédérer des énergies autour d'une idée et d'un leader. J'ai l'imagination fertile et l'envie de faire ce que les autres ne font pas. Je vais entreprendre.

3

Les premières marches

Le BTS aura été une chance pour moi. En m'inscrivant à La Martinière en 1967, je n'avais pas d'idée précise de mon avenir, et deux ans plus tard ma décision est prise. Il y a des perspectives qui sonnent comme des évidences, l'informatique, par exemple, qui représente alors une manière totalement nouvelle de concevoir les choses. Tout le monde a à peu près conscience de son caractère inévitable et irréversible, de son impact sur le monde de demain, sans avoir les compétences indispensables pour la mise en exploitation. Mon brevet de technicien supérieur du traitement de l'information m'offre un indiscutable temps d'avance sur beaucoup.

Avant 1968, je n'étais pas encore dévoré par le besoin de créer et de développer. J'étais certes remarqué et identifié comme un leader pour mon indépendance et mes prises d'initiative, délégué de classe au lycée comme dans ma promotion de BTS, mais je n'associais pas ces valeurs de responsabilité et de leadership qui me correspondaient à celles d'un entrepreneur en devenir. Ce qui m'a rattaché à l'entrepreneuriat, c'est bizarrement le fait d'avoir été délégué de l'UNEF et d'avoir vécu les événements de 1968. J'ai subitement eu soif d'être un meneur, de faire des choses qu'on ne m'imposerait pas, de préserver mon pouvoir imaginatif, pendant ces quelques mois de réflexion et d'action. Je me suis imprégné d'une citation d'Albert Einstein, qui m'a guidé ma vie entière et que je ne cesse de répéter aux étudiants qui m'invitent dans leurs écoles : « L'imagination est plus importante que la connaissance car la connaissance est limitée tandis que l'imagination englobe le monde entier, stimule le progrès et suscite l'évolution. »

Pour créer, il faut avant tout avoir envie d'entreprendre, mais il faut aussi bénéficier d'un contexte porteur qui, dans mon cas, allie tout à la fois une envie, un environnement économique, une idée et une innovation technologique. L'explosion de l'informatique m'impose de franchir d'emblée le pas. Tout semble facile avec des besoins partout, des gens peu ou pas formés et la certitude d'avoir des clients faciles à démarcher. Certains me demanderont plus tard si j'aurais été entrepreneur sans avoir fait ces études d'informatique. Je pense plutôt l'inverse : si j'ai choisi cette filière, c'est parce que je voulais devenir entrepreneur. La vie est faite d'aléas, de rencontres et d'opportunités mais ce sont l'envie et l'intuition qui créent notre destin et non le seul hasard.

Mes premiers associés sont mes camarades de BTS à La Martinière, Jean-Claude Sansoë, Bernard Desvigne et Daniel Pignaud. Tous les quatre, nous créons notre première société en 1969, que nous baptisons Société lyonnaise d'analyse et de programmation mais dont l'acronyme SLAP nous apparaît si peu commercial que nous choisissons finalement CEGI, pour Centre d'études et de gestion par l'informatique. Ceux que nous croisons trouvent notre initiative bizarre et nous qualifient au mieux d'inconscients. Mes parents passent eux-mêmes pour des fous dans leur milieu peu disposé à l'aventure. Pour ce qui me concerne, on doute carrément de mon équilibre mental. Les plus sceptiques me trouvent immature et apportent comme preuve ma demande d'émancipation anticipée. Mes parents restent impassibles, sans manifester une quelconque inquiétude, fidèles à leur principe et à leur décision de me laisser mener ma vie comme bon me semble.

Nous sommes tellement déterminés à développer notre concept que nous écrivons sans tarder nos propres programmes et démarchons nos clients potentiels avant la fin de l'année universitaire. Nous mettons à contribution d'autres camarades de promotion et même des professeurs pour avancer plus vite avant d'obtenir notre diplôme. L'informatique ouvre en grand les portes d'un nouveau monde avec un emploi garanti pour tous les étudiants de cette filière, même si des entreprises exercent une discrimination qui me semble déjà irréelle. Ainsi, il n'est pas rare qu'en réponse à une même offre, nos camarades garçons reçoivent une proposition d'embauche alors que nos camarades filles se voient signifier que ce métier n'est pas fait pour elles. Mai 1968 n'a pas joué gagnant dans tous les secteurs. Heureusement, le marché est tellement demandeur que toutes trouvent néanmoins un emploi.

Avec Jean-Claude, Bernard et Daniel, nous nous sommes naturellement réparti les rôles. Dans l'informatique il y a deux métiers : les programmateurs, un domaine technique qui nécessite intelligence et logique pure, et les analystes qui conçoivent les systèmes en identifiant et en spécifiant les besoins des utilisateurs. Jean-Claude et Bernard sont des programmeurs-nés, Daniel et moi des concepteurs. Sauf que durant les premiers mois d'activité nous faisons tous les quatre ce qui doit être fait sans nous soucier des limites de nos compétences. Installés dans un petit appartement, 9 rue du Bât-d'Argent au cœur de la Presqu'île, le quartier central de Lyon, nous travaillons jour et nuit avec un enthousiasme débridé.

Le plaisir au ventre, je découvre la satisfaction de vendre, et plus encore celle de vendre ses propres initiatives et cogitations. Dès les premiers mois nous décrochons d'importants contrats avec des entreprises reconnues comme Servin Faure, la société de gestion du quotidien local *Le Progrès*, ou Les Câbles de Lyon. Les ordinateurs sont rares et seules quelques entreprises sont équipées de ces outils d'alors, disproportionnés, certains faisant plusieurs mètres de long, et contraignants, car nécessitant pour leur fonctionnement un environnement drastiquement contrôlé en matière de température et d'humidité. Notre petite société n'a pas d'ordinateur, alors pour compiler les programmes que nous concevons et finaliser nos produits, nous trouvons un accord avec le Service du traitement automatique de l'information de l'armée de terre, le STAIAT, installé dans le quartier Général-Frère, une base militaire sur les bords du Rhône au cœur de Lyon, qui nous loue ses services sous réserve que nous venions travailler la nuit.

À cette période Jean-Claude Sansoë rejoint l'armée pour effectuer son service militaire et il se débrouille pour être affecté au quartier Général-Frère, où il peut continuer de programmer pour CEGI. Pour ma part, je suis réformé à cause de mes fractures des vertèbres. CEGI se développe, et nous nous retrouvons très vite à une vingtaine dans notre petit appartement du centre de Lyon, dont plusieurs filles et garçons recrutés dans notre promotion de BTS. Nous avons le culot de nos vingt ans qui nous permet toutes les initiatives imaginables. Tout est possible et nous croyons chaque jour un peu plus en nous. Le besoin informatique ne cesse de croître et les chefs d'entreprise doivent faire confiance à ceux qui sont susceptibles de répondre aux besoins de leur entreprise, même s'ils sont jeunes et inexpérimentés.

1970. Nous sommes désormais près de cinquante et nos clients dépassent le périmètre de Lyon. Blédina à Villefranche-sur-Saône, Jacob Delafon à Dôle, Seta une filiale de la SNCF à Paris. Il nous faut trouver un deuxième point de chute pour compiler nos programmes. Les abattoirs de la Mouche ont abandonné ce qui deviendra la salle de spectacle de la halle Tony-Garnier, désormais bien connue des Lyonnais. Mais certains services administratifs restent dans ce quartier proche du stade Gerland, c'est là que nous trouvons refuge.

Bientôt notre petite communauté traverse un drame : la disparition accidentelle de Bernard Desvigne. Alors qu'il est en train de vider le coffre de sa voiture garée cours Lafayette à Lyon, Bernard est percuté de plein fouet par un véhicule et traîné sur plusieurs mètres. Il décédera quelques jours plus tard. Jean-Claude, Daniel et moi-même accusons le coup. Voilà deux ans que nous partageons notre rêve à quatre. Pour sa famille et ses amis venus de Corse dans l'instant, c'est l'horreur absolue. De toute évidence, Bernard était le plus brillant de notre bande, une machine intellectuelle infaillible. Difficilement, nous devons nous réorganiser, et nous comptons d'abord sur le seul Jean-Claude Sansoë pendant quelques mois avant d'enrichir le pool des programmeurs.

Nous repartons de l'avant et trouvons sans cesse de nouveaux clients. Le carnet de commandes explose et CEGI attise les convoitises, si bien qu'à l'approche de l'été 70 je reçois un appel de la société Cegos, le numéro un en France des cabinets de formation et de conseil aux entreprises, présidé par un économiste réputé, Octave Gélinier, ingénieur des Mines de Paris et déjà auteur de nombreux ouvrages sur le management et la compétitivité. Cegos veut nous racheter.

Tout s'enchaîne. Je suis le plus commercial de nous trois et celui qui est le plus en contact avec l'extérieur. Je suis ainsi identifié comme le principal leader de CEGI et je rencontre Octave Gélinier, moi le petit jeune qui n'a d'entrepreneur que le nom et n'a jamais connu de cession, face à un chef d'entreprise aguerri fort de trente années de vie professionnelle. Octave Gélinier me présente Gérard Bauvin, un polytechnicien en charge du département informatique et qui sera plus tard président du Syntec, le syndicat professionnel de l'informatique.

Nous ne sommes pas préparés à une cession mais CEGI atteint déjà une taille qui sans nous dépasser nécessite une nouvelle organisation, et puis Cegos nous propose un pont d'or. Nous décidons de vendre, chacun négocie ses conditions mais la jeunesse ne nous interdit pas d'être pragmatiques : tous trois nous obtenons un poste chez Cegos. En ce qui me concerne, j'accepte une partie du montant de la vente en numéraire et une partie en actions Cegos appelées à prendre beaucoup de valeur. Dans l'organigramme de Cegos je deviens directeur de l'agence informatique de Lyon.

Cette cession a quelque chose d'étonnant. Je suis devenu entrepreneur il y a moins de deux ans sans y être vraiment préparé et je me retrouve à vendre cette première entreprise sans avoir rien demandé. À vingt et un ans cela change radicalement les choses. Cette opération me fait découvrir le processus d'une cession et me donne l'opportunité de me confronter à des dirigeants qui ont l'âge de mon père. En accéléré, je m'initie au management, me forge le caractère, et constitue du même coup la base d'une belle aventure entrepreneuriale. La logique aurait voulu que je commence par être salarié avant d'envisager de créer une société, mais faire l'inverse m'a permis de devenir responsable régional d'une entité importante alors que j'étais très jeune. Je démarrais à peine et je disposais déjà d'un formidable accélérateur.

Cette période de ma vie est très bénéfique. En 1973, Cegos est racheté par Sliga, une filiale du Crédit Lyonnais, et devient Sligos. Je suis nommé directeur général de CentrInformatique, une filiale de Sligos basée à Clermont-Ferrand. Je vis de l'intérieur en tant que salarié le développement et la croissance d'une des plus belles entreprises françaises du secteur informatique. Je suis heureux d'avoir trouvé une structure puissante, et finalement assez fier d'avoir réussi à vendre CEGI dans de bonnes conditions. Je complète ma formation par un cursus de management pendant deux ans en passant une semaine par mois à Paris. Je dispose d'une certaine autonomie, et suis indépendant dans ma gestion, l'animation et le développement commercial.

Le chiffre d'affaires de ma filiale est multiplié par sept en trois ans, j'apprends, je m'épanouis et ne ressens pas encore le besoin de développer ma propre structure. Quelques années passent et je prends d'autres responsabilités, je suis nommé directeur général adjoint et administrateur de Sligos Rhône-Alpes en 1976. Mon panorama s'élargit et je commence à racheter des entreprises pour le compte de la maison-mère. Je prends de l'expérience comme dirigeant et manager, comme auditeur et acquéreur.

Progressivement, la stratégie envisagée par Sligos ne correspond plus aux convictions que j'ai acquises au fil des années en matière de gestion, et les produits développés ne me semblent plus apporter ce que nos clients attendent.

L'avènement du *personal computer* mis au point par Bill Gates chez Microsoft impose des structures de programmes très différentes. Je suis convaincu que le contexte économique et cette évolution technologique sont favorables au lancement de nouvelles gammes qui permettraient par le biais de solutions informatiques de simplifier la vie des entreprises et de réduire les coûts administratifs. Avec Jean-Claude Sansoë qui a comme moi poursuivi sa carrière chez Cegos puis Sligos, je propose ma propre stratégie technologique, mais Sligos refuse de nous suivre. Une raison suffisante pour créer ma propre entreprise en suivant ma vision, selon mon savoir-faire et avec mes moyens. Ce choix influera sur mon management à venir. Dès lors que je définis une stratégie, celui qui ne me convainc pas de son inefficacité n'a d'autre choix que d'y adhérer ou de se démettre comme je l'ai moi-même fait chez Sligos fin 1982.

4

C'est mon affaire

Fin 1982, le droit français étant tenu d'intégrer la quatrième directive européenne sur l'harmonisation comptable, celui-ci se met au diapason et officialise un nouveau plan comptable général. Toute ma stratégie à venir découle de cette innovation. En effet, il m'apparaît comme une évidence que ce nouveau plan adossé aux performances des ordinateurs individuels va inciter un grand nombre d'entreprises et de cabinets comptables à revoir leur organisation au plus vite. Il faut réimaginer notre paysage informatique dans son ensemble avec des technologies à la portée de tous les experts-comptables de France mais aussi d'un maximum de petites et moyennes entreprises. Fini le temps où celles-ci étaient obligées de confier toutes ces opérations aux énormes ordinateurs de groupes puissants comme la CCMC par exemple.

Dans ce contexte, j'imagine de proposer à ces entreprises de les équiper de produits standardisés par secteur d'activité en leur garantissant une évolution de leurs logiciels au fil du temps. Mais je manque de puissance industrielle pour convaincre le microcosme et les experts-comptables en particulier qu'ils doivent être mes clients de demain. Entre fin 1982 où je quitte Sligos et le printemps 1983 où je crée Cegid, je vis une période compliquée de certitudes et de doutes, d'euphorie et d'angoisse. J'ai besoin de valider ma stratégie et choisis de me rendre aux États Unis afin de vérifier les fondements de ce que je veux entreprendre. Après tout, ce pays est souvent plus audacieux et plus pressé que la plupart des nations européennes.

Effectivement : les États-Unis ont une encolure d'avance sur le marché des ordinateurs individuels et leur marché de l'informatique est indéniablement plus dynamique que le nôtre. Je me rends à Boston où est basé le siège de Digital Equipment Corporation (DEC), numéro deux mondial de l'industrie informatique derrière IBM. L'entreprise, qui compte plus de cent mille employés, a essaimé un peu partout sur la planète, en France y compris, où la filiale française est dirigée par Michel Ferrebœuf que j'ai eu l'occasion de croiser à plusieurs reprises quand j'étais chez Sligos et avec lequel j'entretiens de très bons rapports professionnels. C'est lui qui joue les intermédiaires afin que j'obtienne un rendez-vous avec un membre de la direction du groupe. Rendez-vous qui m'est confirmé quelques jours seulement avant mon départ et, cerise sur le gâteau, je serai accueilli au siège de l'entreprise, à Maynard dans la banlieue ouest de Boston, par son fondateur en personne : Ken Olsen.

J'arrive devant un vieux bâtiment en briques rouges loin du modernisme que l'on imagine pour une entreprise symbole des nouvelles technologies. Un peu plus de dix ans après ma première expérience de contact direct avec un grand chef d'entreprise, Octave Gélinier dans le cadre de la cession de CEGI, je rencontre le président de DEC, qu'il a créée vers la fin des années 50. Stature imposante, regard bleu perçant, tête ronde et sourire charmeur, Ken Olsen me reçoit accompagné d'un interprète dans son bureau, où il me consacre beaucoup de temps. D'évidence je suis aguerri mais pas totalement à l'aise. Je suis surtout animé d'une irrépressible envie de créer mon entreprise pour appliquer la stratégie à laquelle mon ancienne direction n'a pas cru.

Mon échange avec Ken Olsen ne s'embarrasse pas de principes. Du haut de mon expérience relative j'ai même en tête de proposer un deal à mon interlocuteur, à qui j'explique mon intention de créer ma start-up sans avoir les moyens d'acheter les ordinateurs PD-P11, machines phares de DEC, qui permettraient de développer mes programmes. Je ne lui demande pas de financement mais l'accès à des moyens techniques pour que la quinzaine d'ingénieurs que je souhaite embaucher puissent créer les programmes à destination des entreprises et des experts-comptables. Ken Olsen est réceptif : il m'autorise à développer gratuitement tous mes outils progiciels sur DEC. Au cours des dix années à venir, Cegid vendra plus de quinze mille ordinateurs DEC associés à ses propres programmes.

La rencontre avec Ken Olsen restera une des plus riches et des plus fortes de ma carrière sur le plan émotionnel, avec plus tard celle de Bill Gates aux côtés duquel j'ai participé, admiratif, à une conférence à Paris en 2005 sur le développement des éditeurs de logiciels en France avant de le recevoir quelques années plus tard à Cegid pour créer des accords avec Microsoft. Tous les deux m'ont inspiré et donné une formidable envie de réussir.

L'aspect technologique du projet étant résolu avec DEC, il me reste à gérer le montage financier de la création de l'entreprise. Je décide d'investir tout ce que j'ai dans une société holding, ICMI, avec Jean-Claude Sansoë et Alain Muyard qui ont également quitté Sligos pour développer ce projet. Jean-Claude Sansoë était directeur du développement de progiciels chez Sligos et Alain Muyard responsable de l'agence de Lyon de la filiale Sligos Rhône-Alpes. Nous travaillons sur un montage astucieux faisant appel à l'épargne publique auprès des cabinets d'experts-comptables, qui seront nos prescripteurs de demain. Plus de soixante cabinets nous font confiance et nous suivent.

Cegid sera introduit en Bourse trois ans plus tard, le 18 juin 1986, avec une valorisation exceptionnelle qui offrira à ces cabinets une plus-value allant jusqu'à cent fois leur mise. Des résultats qui créent des liens !

Le tour de table est complété par un certain nombre de fonds auprès de banquiers et un prêt personnel cautionné par le Centre des jeunes dirigeants d'entreprises (CJD). Je peux créer mon entreprise baptisée Compagnie européenne de gestion par l'informatique décentralisée (Cegid). Je prends la présidence de la société, Jean-Claude en est le directeur général, Alain le directeur commercial, et nous nous installons au tout début dans les locaux de Jean-Paul Simoens, un expert-comptable avec lequel nous avons développé le concept de Cegid. Jean-Paul est doté d'une force de travail hors du commun et d'une intelligence incroyable. Il me rappelle Bernard Desvigne par sa faculté à comprendre tout plus vite et mieux que tout le monde. Je lui confierai ensuite le suivi de mes affaires et je m'appuierai sur ses précieux conseils, il m'accompagnera jusqu'à son décès en 2011.

Cegid est officiellement créée en juin 1983 et commence à fabriquer industriellement des progiciels de gestion destinés en priorité aux cabinets d'experts-comptables et aux PME. À la fin de l'été, je trouve des locaux dans un immeuble récent au 14, quai Pierre-Scize, sur les bords de la Saône dans le neuvième arrondissement de Lyon. Je loue un appartement au rez-de-chaussée et un autre au premier étage, puis rapidement deux de plus au troisième et au quatrième. Je décide vite d'implanter des agences pour être au plus près de nos clients, avec une première ouverture à Aix-en-Provence en 1984 puis tout de suite après une deuxième à Paris. Début septembre, Pascale Felix me rejoint et restera mon assistante tout au long de ma vie professionnelle. Je me suis toujours reposé sur ses compétences, naturellement, mais aussi sur sa fidélité, une qualité essentielle qui caractérisera mes plus proches collaborateurs et me permettra de développer mes activités avec eux. L'équipe s'agrandit. Toujours par fidélité je sollicite, une fois encore et en priorité, des camarades de ma promotion de BTS.

Cegid recherche alors la parfaite adéquation entre sa stratégie, ses produits, ses clients identifiés et sa communication. L'analyse du marché démontre que les entreprises du secteur optent le plus souvent pour des communications très techniques et austères. Je décide de privilégier les performances et la transparence en usant de l'analogie avec les sportifs de haut niveau. Je suis frappé en particulier par les déclarations très *made in USA* de Carl Lewis qui proclame haut et fort vouloir gagner les quatre compétitions auxquelles il entend participer aux Jeux olympiques de Los Angeles en 1984 : le 100 mètres, le 200 mètres, le saut en longueur et le 4 × 100 mètres, et qui précise surtout vouloir se donner les moyens d'atteindre son objectif. La première opération de communication de

Cegid se fera en obtenant les droits d'image de Carl Lewis ! Nous signons un contrat quelques semaines avant que débutent les Jeux. L'accord est modeste, limité à douze mois, mais nos clients travaillent désormais avec des disquettes agrémentées d'un visuel Carl Lewis qui caractérise on ne peut mieux la vitesse et la technique que Cegid revendique pour ses produits. Cette idée marque les esprits comme le font les quatre médailles d'or de l'athlète américain.

Le fort impact de cette communication autour de l'image de Carl Lewis m'incite à entretenir plus avant cette association avec le sport de haut niveau et à décliner ce concept avec un autre sportif, qui serait de préférence français, et si possible en obtenant des droits d'exploitation plus larges. Christian Laval, qui dirige l'agence d'Aix-en-Provence, suggère d'associer Cegid à l'image de la Formule 1 qui symbolise la haute technologie mais aussi la précision et l'esprit d'équipe. Le principe est acté et nous proposons un accord à Alain Prost.

Deuxième du championnat du monde de Formule 1 en 1983 et 1984, le coureur français est à la lutte avec Michele Alboreto pour le titre 1985. Quelques jours avant son succès à Silverstone au Grand Prix de Grande-Bretagne, nous parvenons à un accord et signons un premier contrat d'image. Trois mois plus tard, Alain Prost devient champion du monde de Formule 1 avec sa McLaren en terminant quatrième du Grand Prix d'Europe disputé sur le circuit de Brands Hatch en Angleterre. Ce premier titre remporté par un pilote français est un événement national. Cegid capitalise sur ce succès et décline une communication « Prost » faisant un parallèle entre les qualités nécessaires à un pilote et à une entreprise : la fiabilité, la sécurité, la précision, etc.

Ce contrat est renouvelé chaque année. Alain Prost remporte un deuxième titre de champion du monde en 1986, puis un troisième en 1989 mais avec cette fois « Cegid » sur son casque. L'accord a été étendu avec ce marquage, qui offre de la visibilité et des opérations de relations publiques pour que nos clients puissent rencontrer le champion du monde. En 1990, Alain Prost quitte McLaren et rejoint Ferrari dont le principe est de maîtriser la globalité des partenariats de l'écurie, voiture et pilote compris. Nous réussissons néanmoins à signer un dernier contrat avec Alain Prost pour la saison 1990, au cours de laquelle Cegid sera le seul partenaire privé du pilote accepté par Ferrari.

Cegid poursuit son développement et nous commençons à être à l'étroit quai Pierre-Scize, éclatés sur quatre niveaux dans des appartements séparés les uns des autres. Trois ans plus tard, en mars 1986, Cegid quitte les bords de la Saône et achète un immeuble de deux mille huit cents mètres carrés juste sorti de terre au 123, avenue Barthélemy-Buyer, dans le quartier de Champvert dans le cinquième arrondissement de Lyon, sur les contreforts de la colline de Fourvière. L'entreprise compte alors près de cent cinquante salariés, qui n'occupent la première année qu'une partie de l'immeuble avant de rapidement s'installer sur toute la surface.

Cegid, qui s'appuie désormais sur quinze agences réparties dans toute la France, à Bordeaux, Nantes, Lille, Montpellier, Nice, réalise un chiffre d'affaires de 93 millions de francs en 1985, soit plus de 100 % de croissance par rapport au premier exercice qui courait sur dix-huit mois de juin 1983 à décembre 1984. La perspective pour 1986 et de 50 % de croissance, soit 150 millions de francs, avec une marge nette courante de 10 % bien supérieure aux 2 % de la moyenne du secteur d'activité des sociétés de service et d'ingénierie informatique (SSII). La progression est fulgurante avec des résultats financiers élevés mais ce succès nécessite des investissements importants dont l'entreprise n'a pas complètement les moyens. Je décide donc de faire appel au marché financier, toujours sensible aux bons résultats d'une entreprise, et je confie le dossier à Louis Thannberger, en poste à la direction de la Lyonnaise de Banque et qui s'illustre depuis une dizaine d'années dans l'introduction en Bourse d'entreprises, comme SEB à la Bourse de Paris ou Majorette au second marché de Lyon. Louis m'accompagnera également plus tard pour celle d'Olympique lyonnais Groupe.

Je choisis comme agent de change Roger Michaux, dont la charge est installée rue du Président-Carnot en plein centre de Lyon. Homme éminemment distingué, brillant, respectueux, Roger Michaux est président de la section de Lyon de l'Union nationale des évadés de guerre. C'est un homme magnifique, discret mais avec toujours le mot juste. J'apprends incidemment qu'il a aussi été président de l'Olympique lyonnais. Il saura me parler de cette fonction quelques mois plus tard...

Cegid est introduit au second marché de la Bourse de Lyon le 19 juin 1986. L'opération est une réussite soulignée par les spécialistes. Et c'est le plus naturellement du monde que l'entreprise poursuit son développement. De nouvelles agences ouvrent à Strasbourg et à Caen. Nous sommes bientôt trois cents et l'immeuble de l'avenue Barthélemy-Buyer est à nouveau trop petit. Cegid loue alors un deuxième immeuble à la même adresse, qui sera lui aussi rapidement occupé dans sa totalité. Dans les mois qui suivent, le succès de Cegid va me permettre de rencontrer dans des contextes différents trois personnalités qui, à des degrés divers, m'ont beaucoup marqué : Alain Madelin, Bernard Tapie et Gérard Collomb.

5

Trio de choc

Cegid s'installe progressivement dans le paysage économique lyonnais. Je me fais, moi aussi, petit à petit une place mais, ne faisant pas partie du sérail, je ressens le besoin de convaincre encore plus pour être reconnu.

J'ai, par exemple, un peu de réticence à intégrer les cercles d'affaires lyonnais, où je ne me sens pas vraiment à l'aise. J'ai l'impression d'y avoir l'image d'un fils à papa alors que je suis le rejeton de deux profs de l'enseignement public, issu de la classe moyenne et ne bénéficiant d'aucun coup de pouce particulier pour lancer mon entreprise. Les choses prendront forme dans les mois qui suivront, mais en attendant cette période m'incite à pénétrer d'autres cercles que ceux des entrepreneurs lyonnais.

J'ai commencé par découvrir l'importance de la communication d'une société et l'immense impact que le sport peut avoir sur l'entreprise, en interne comme en externe. Travailler avec Alain Prost a été d'une incroyable richesse, pour les collaborateurs, pour les clients mais aussi pour moi-même. J'ai trouvé chez Alain ce que j'attendais d'un immense sportif : l'intelligence, le mental, la détermination, l'abnégation, la remise en cause, le sérieux, autant de qualités que j'avais pu discerner à mon petit niveau de handballeur de division 1 et division 2, mais portées au paroxysme à un tel sommet d'excellence. D'autres contacts vont petit à petit s'imposer à moi dans le domaine de la politique, des affaires, de la communication.

La France vit sa première cohabitation en 1986 avec Jacques Chirac Premier ministre du président François Mitterrand. Alain Madelin, nommé ministre de l'Industrie en mars, constitue fin avril le Conseil des entrepreneurs, un groupe de travail dont le but essentiel est de simplifier les démarches administratives, fiscales et juridiques afin de favoriser la création d'entreprises. Lui et sa conseillère technique Anne Méaux – qui créera deux ans plus tard Image 7, une entreprise de conseil en stratégie de communication appréciée des plus grands groupes français –, sélectionnent dix-huit entrepreneurs. Porté par les performances économiques et boursières de Cegid qui ont déjà valu plusieurs distinctions à l'entreprise ou à moi-même, je suis appelé à rejoindre ce groupe.

Je fais la connaissance de certains de ces entrepreneurs, déjà aguerris comme Serge Kampf, fondateur de Capgemini, ou Louis Le Duff, créateur du groupe portant son nom et dont l'une des premières réussites fut La Brioche dorée, et d'autres, comme moi plus « juniors », tels Vincent Bolloré, Patrick Ricard ou Michel-Édouard Leclerc. J'accède à un monde où j'apprends l'importance d'être reconnu pour ce qu'on a fait et introduit dans des milieux décisionnaires. Être là quand il faut et où il faut.

Fin 1986, je reçois un appel de Bernard Tapie. Je ne l'ai encore jamais rencontré et je le connais seulement à travers la presse économique qui égrène depuis bientôt dix ans ses nombreux rachats d'entreprises en grande difficulté, Terraillon, Testud, La Vie claire, etc. Et par sa récente implication dans le sport, le cyclisme, en prenant le contrôle de l'équipe de Bernard Hinault, puis grâce au football et à l'Olympique de Marseille. Mon profil de patron d'une start-up en pleine expansion qui anime le marché des sociétés cotées à la Bourse de Lyon l'intéresse. Bernard Tapie cherche des investisseurs pour son groupe BT Finances dans le cadre de la privatisation de TF1, qui sera effective en avril 1987. Il m'explique son projet, me séduit et me convainc. Il me demande si d'autres entrepreneurs régionaux seraient susceptibles d'être intéressés par l'opération. Je réunis quelques amis et la plupart adhèrent au projet. C'est ainsi que naît notre relation, qui s'arrête pour l'instant là, mais Bernard Tapie m'a identifié et il reviendra à la charge quelques mois plus tard.

Ma rencontre avec lui est un moment important dans ma trajectoire. J'ai découvert un homme exceptionnel au sens propre du terme, à savoir qui sort de l'ordinaire, avec ses défauts mais aussi ses qualités. Sans son initiative médiatique en 1987, je ne serais peut-être jamais devenu président de l'Olympique lyonnais. J'ai tendance – c'est mon tempérament depuis toujours – à privilégier le positif dans les situations que je vis, les épreuves que j'endure et les rencontres que je fais. Je ne peux donc pas ignorer Bernard Tapie et encore moins répudier sa mémoire.

C'est entendu, Bernard n'est pas parfait, il a fait l'objet de nombreuses poursuites judiciaires, mais c'est aussi un homme qui a su s'imposer dans le monde des affaires comme dans celui du football ou de la politique – ce qui l'a d'ailleurs probablement perdu. Ses faiblesses, ses dérives ne doivent pas occulter ses qualités intrinsèques dont j'ai pu m'inspirer, comme son esprit conquérant, sa soif de réussite, son leadership. Je ne lui ai jamais parlé de l'affaire VA-OM et, de la même manière, je me suis interdit de lui demander si oui ou non il avait acheté des matchs. De toute évidence cela aurait entaché notre relation. Chacun a son idée, j'ai la mienne.

Conseiller municipal de Lyon, Gérard Collomb est en 1988 un jeune député de la deuxième circonscription du Rhône, élu une première fois en 1981, un mois après la première élection de François Mitterrand à la présidence de la République, puis réélu en 1986. Je prends rendez-vous avec lui à propos d'un contrôle fiscal qui remet en question une exonération sur les sociétés dont bénéficiait Cegid, un coup de pouce profitable aux sociétés nouvellement créées (100 % les trente-six premiers mois, 50 % les vingt-quatre mois suivants). L'administration fiscale imagine que cette loi pourrait ne pas s'appliquer à Cegid dont un holding contrôle le capital. Après la réélection de François Mitterrand en mai, Gérard Collomb obtient un rendez-vous avec le nouveau ministre de l'Économie et des Finances Pierre Bérégovoy, qui reconnaît que le holding familial a bien porté la création de Cegid, qui doit donc bénéficier à ce titre des dispositions de la loi.

Gérard Collomb deviendra ensuite maire du neuvième arrondissement de Lyon en 1995. Il lancera un grand projet de rénovation du quartier de Vaise, qui s'avérera une totale réussite avec l'implantation de nombreuses entreprises. La société de jeux vidéo Infogrames créée par Bruno Bonnell initiera le mouvement en 2001, puis en 2003 je construirai juste à côté le nouveau siège de Cegid pendant que Paul Bocuse ouvrira une brasserie, L'Ouest, et en 2008 Jérôme Seydoux, devenu actionnaire de l'OL en 1999, inaugurera un complexe cinématographique Pathé-Vaise de quatorze salles, avant d'en ouvrir un autre en 2009 au Carré de Soie à Vaux-en-Velin, le troisième du groupe Pathé dans la communauté urbaine après celui de Bellecour dans le centre de Lyon.

En 2001, Gérard sera élu maire de Lyon, une ville qu'il transformera au fil de ses mandats successifs. J'apprécierai sa ténacité, qui contribuera à faire aboutir le projet du Groupama Stadium, inauguré en 2016, et si je n'ai pas toujours partagé ses initiatives, j'ai un immense respect pour lui. Pour sa carrière débutée comme professeur de lettres et qui s'achèvera à l'hôtel de Beauvau comme ministre d'État, ministre de l'Intérieur. Je regrette seulement ce combat de trop aux élections métropolitaines de 2020.

J'aurais aimé que sa sortie soit plus belle et je suis malheureux que certains à Lyon ne lui accordent pas la reconnaissance qu'il mérite d'avoir. Personnellement je suis heureux de continuer de le recevoir au Groupama Stadium et d'échanger régulièrement avec lui. Gérard est un homme bien et un politique de grande qualité.

J'ai l'impression que tout me réussit, sans avoir toujours prémédité l'enchaînement des événements, ce qui m'interpelle. J'aime en effet que les faits viennent après l'action et l'action après la réflexion, or j'ai parfois l'impression que la machine s'emballe et que les événements me dépassent. Je surfe donc sur cette croissance de Cegid probablement en faisant parfois des erreurs, mais je pense malgré tout globalement maîtriser cette trajectoire sans trop trahir mes convictions. Une des caractéristiques de ma personnalité est de me remettre en cause en permanence, je m'efforce de m'y tenir en conservant l'envie de toujours faire mieux tout en restant indépendant.

Cette période me fait prendre conscience à quel point l'entrepreneuriat participe à la crédibilité de ceux qui s'en réclament auprès des hommes politiques. Pour une raison simple : l'entrepreneur détient une forme de pouvoir avec l'économie réelle, or tous les politiques ont besoin de près ou de loin de l'économie. Pour moi c'est une découverte. Le foot ne fera qu'amplifier ce ressenti.

6

Mon arrivée à l'OL

Roger Michaux, l'agent de change qui avait porté l'introduction en Bourse de Cegid, a été le premier à me parler de l'Olympique lyonnais, à l'automne 1986. L'OL est alors en deuxième division depuis un peu plus de trois ans et connaît un déficit chronique malgré tous les efforts du président Charles Mighirian, qui a su éviter le pire. Ce passionné de football, chaleureux et intègre, a pris en janvier 1983 la présidence d'un club dont personne ne voulait assumer la situation de déliquescence. Ancien vice-président du club du Nîmes Olympique, Charles gère au mieux avec les moyens du bord. Tout juste élu, il avait clairement précisé qu'il passerait la main dès l'instant où un industriel proposerait un projet sérieux garantissant les moyens nécessaires à l'ambition de ce club historique fondé en 1950. Sportivement, les trois premières saisons en deuxième division sont laborieuses, avec deux échecs en prébarrage d'accession, une triste septième place entre les deux, et toujours le spectre d'un dépôt de bilan.

Guy Pellet, administrateur de l'OL aux côtés de Charles Mighirian, a l'idée de créer un club de partenaires qui réunirait cent entreprises lyonnaises capables d'apporter des ressources complémentaires. Francis Allimant, personnage incontournable des milieux d'affaires lyonnais, charmant et charmeur, habile et efficace, connu pour son entregent, prend en charge la commercialisation de ce « Club des 100 » dont chacun des membres garantissait l'achat de trois places pour une saison. Soit un investissement de 20 000 francs de l'époque (3 000 euros), une somme non négligeable en 1986, surtout pour assister à des matchs de deuxième division.

La charge Michaux, place forte de la finance lyonnaise, est l'une des premières sociétés à adhérer à ce club. Roger Michaux a toujours œuvré pour défendre la ville de Lyon et promouvoir ce qui peut en faire sa force, mais sa démarche est d'autant plus spontanée qu'il a un lien affectif très fort avec l'OL et une rancœur du même calibre envers le docteur Jean Genéty, adjoint aux sports de la ville de Lyon qui, selon lui, joue un rôle on ne peut plus toxique dans les coulisses du club.

Le football est alors extrêmement dépendant des municipalités, dont les subventions assurent une partie importante du budget des clubs, ce qui confère, de fait, un pouvoir aux élus et notamment à l'adjoint aux sports. Président de l'Olympique lyonnais de 1977 à 1981, Roger Michaux a subi de plein fouet les effets souvent pervers de cette distribution des rôles au point d'être contraint de démissionner sous la pression du docteur Genéty.

Roger Michaux adepte de l'économie de marché voit dans ce « Club des 100 » une occasion de créer un contre-pouvoir à l'emprise municipale. Il en devient donc membre et prêche la bonne parole auprès des investisseurs lyonnais de la génération montante dont je fais partie. Il confirme que la situation de l'OL est extrêmement grave sur le plan financier et explique qu'il n'entrevoit un avenir positif, au-delà de l'impact de ce « Club des 100 », qu'avec l'arrivée de partenaires susceptibles de devenir sponsors ou de garantir les emprunts nécessaires. Cegid, dont il suit le développement et apprécie la stratégie de communication et de sponsoring – avec Alain Prost en particulier –, devient membre du « Club des 100 ». Mais même si je me rends quelques fois au stade de Gerland, je demeure, en ce début de saison 1986-1987, un partenaire purement passif. J'aime le football, que j'ai pratiqué à un modeste niveau, je supporte l'OL comme tout bon Lyonnais fortement attaché à la ville, mais ma priorité demeure le développement de Cegid.

Lors de chacune de nos rencontres, Roger Michaux insiste pour que je m'investisse davantage pendant que Charles Mighirian recherche toujours du renfort côté finances et, dans la mesure du possible, un poids lourd capable de lui succéder. L'Olympique lyonnais, dont les statuts relèvent d'une simple association « loi 1901 », s'appuie sur un conseil d'administration dont les membres sont élus par trois collèges : les « bienfaiteurs », les « amateurs » et les « abonnés ». Charles Mighirian propose d'élargir ce conseil en suggérant que six représentants du « Club des 100 » renforcent le collège des « bienfaiteurs ». Roger Michaux insiste pour que je sois du nombre et j'accepte assez facilement, sans doute flatté par cette sollicitation mais aussi intrigué par la situation de l'OL qui, compte tenu de ses antécédents, mérite mieux. Le 17 février 1987 je suis élu au conseil d'administration avec Joseph Mighirian, Jean Nallet, Olivier Renaud, Jean-Claude Morel et Jacques Matagrin. Quelques années plus tard, un administrateur du club me soufflera que je n'étais pas éligible car j'avais moins d'un an de présence au club, condition clairement consignée dans les statuts de l'OL. Sans doute était-il le seul à le savoir et je lui sais gré de n'avoir rien dit.

Lors de la première réunion à laquelle je participe, je touche du doigt ce qu'est l'Olympique lyonnais, son organisation, son fonctionnement dont j'ignore tout. Je découvre l'envers du décor, cette structure associative avec l'ensemble des éducateurs et bénévoles dont les représentants constituent le plus important groupe du conseil. Je ne connais ni le monde des clubs amateurs ni celui des clubs professionnels et je ressens d'emblée un certain clivage entre ces deux groupes, les premiers appartenant forcément au camp des « bons » et les seconds à celui des « mauvais ». Je suis un peu perdu dans ce conseil hétéroclite, avec des personnalités, des parcours et des conceptions si contraires pour ne pas dire antagonistes. La situation est nébuleuse et j'ai beaucoup de mal à cerner les intentions des uns et des autres. Celles de la section amateur, celles des groupes de supporters, celles des chefs d'entreprise, etc. Je ne suis pas très à l'aise. Néanmoins, l'idée de m'investir davantage progresse, à pas comptés. Je ne connais rien au monde du football, la prudence s'impose. Par exemple, je n'imaginais pas qu'un club de football puisse revendiquer un statut d'association et, plus encore, qu'il supporte une situation financière aussi délabrée. Je commence à collecter des informations sur ce qu'est effectivement le football, son organisation en France mais aussi à l'étranger. Avant de prendre la moindre initiative, mon intention est d'abord de m'affranchir.

Depuis un an, Bernard Tapie, symbole on ne peut plus populaire du patron qui bouge, anime l'émission *Ambitions* sur TF1, un programme qui a pour vocation de mettre en avant de jeunes entrepreneurs qu'il se fait fort de coacher et de soumettre à l'avis d'un panel d'experts. Le samedi 28 février 1987, à l'occasion de sa cinquième – et dernière – émission, il a choisi pour cadre la base aéronavale de Toulon avec l'intention d'insister sur les difficultés de cette région sur le plan économique. Lors de notre dernière rencontre à Lyon début 1987 où je lui ai présenté des partenaires intéressés par une participation dans BT Finances en vue de la privatisation de TF1 qui aura lieu le 16 avril suivant, Bernard Tapie m'a invité à assister à l'émission. Accompagné de Louis Thannberger, qui a également travaillé avec lui dans des opérations en Bourse, je me rends donc à Toulon, où je croise le ministre de l'Industrie Alain Madelin qui m'a nommé un an plus tôt au Conseil des entrepreneurs et qui lui-même participe à l'émission, puis je rentre à Lyon. En tout et pour tout j'ai discuté deux minutes avec Bernard Tapie qui, sourire en coin, trouve néanmoins le temps de me féliciter pour mon élection au conseil d'administration de l'OL.

Le lendemain, j'assiste à la victoire de notre équipe contre Grenoble au huitième tour de la Coupe de France. Charles Mighirian m'apprend qu'il a mis à l'ordre du jour du prochain conseil d'administration, le 23 mars, l'élargissement du comité de gestion pour le porter de sept à neuf membres. Concrètement, il me propose d'être l'un des deux entrants. Son idée est de poursuivre ce qu'il a fait quelques semaines auparavant avec le conseil d'administration : étendre le rôle des partenaires économiques du « Club des 100 » censés insuffler un tant soit peu de dynamisme et de nouveauté dans une structure par trop sclérosée.

Le lundi matin j'arrive à mon bureau de Cegid, où je découvre la une du quotidien local *Le Progrès* avec ce titre : « Tapie pense à l'OL », et en pages sports un article commençant par ces mots : « Le patron de l'OM veut faire de Jean-Michel Aulas le Tapie lyonnais. » Éric Charvet, signataire de ce papier, raconte que, la veille, Bernard Tapie a prolongé en opération de relations publiques son émission du samedi. Il a reçu les journalistes invités pour *Ambitions* au Manon des sources, un restaurant d'Aubagne où l'Olympique de Marseille préparait son match programmé le soir même. Et quand Éric Charvet s'est présenté à lui au titre de représentant du *Progrès de Lyon*, Bernard Tapie a spontanément dégainé : « Il faut que je réussisse à pousser Jean-Michel Aulas à la tête de l'OL. »

Je reçois alors d'innombrables appels téléphoniques, Roger Michaux bien sûr, mon ami Jean-Claude Morel qui vient d'être élu en même temps que moi au conseil d'administration de l'OL ou Francis Allimant, l'animateur du « Club des 100 », qui veut me rencontrer. Tous me demandent ce qu'il en est, pourquoi ces déclarations, ce que j'ai l'intention de faire... Je n'en sais pas davantage qu'eux mais je comprends que le grand communicant Bernard Tapie a saisi l'occasion pour prouver une fois de plus, avec cet impayable savoir-faire de bonimenteur qui le caractérisait si fort, sa prescience, son art de toujours avoir un coup d'avance sur tout le monde. Avant que je réalise moi-même que mon arrivée au conseil d'administration de l'OL n'était qu'une étape vers la présidence, il annonçait à la Terre entière que cette éventualité était une réalité. Je l'appelle dans la seconde. Il est hilare et m'explique que quelques semaines auparavant, lors d'une manifestation publique, il a croisé le maire de Lyon Francisque Collomb. Celui-ci lui avait demandé sous forme de boutade s'il pourrait venir donner un coup de main à l'OL et Bernard Tapie lui avait répondu qu'il connaissait au moins un industriel lyonnais capable de le faire, sans citer de nom.

Dans le même temps ou presque, j'explique à Charles Mighirian que rien n'était prémédité et que c'est bien via *Le Progrès* que j'ai découvert l'initiative de Bernard Tapie. Charles réagit avec une aigreur d'autant plus légitime qu'il m'a non seulement proposé d'entrer au comité de gestion la veille, lorsque nous nous sommes vus à Gerland, mais aussi confié, pour la première fois, que mon profil correspondait à celui que devrait avoir l'industriel qu'il recherchait pour lui succéder.

Je poursuis ma journée, accaparé par le quotidien de Cegid, et dégage seulement une heure dans mon agenda pour recevoir *Le Progrès* qui cherche à savoir qui je suis et ce que recouvrent les propos de Bernard Tapie. Détail qui a son importance : cohabitent alors deux quotidiens à Lyon, *Le Progrès* qui a relayé les déclarations de Bernard Tapie et *Lyon-Matin* qui est passé à côté. Dès le lendemain, je comprends ce qu'une situation de concurrence associée au côté émotionnel du football signifie. Là où les médias économiques – ceux que je consulte d'ordinaire – se basent sur des chiffres et des faits pour donner une tendance, les pages sportives réagissent à d'autres influences : la passion, les partis pris, l'ingérence du politique, et j'en passe. Chacun y va de son avis et de ses conseils. André Soulier, premier adjoint du maire Francisque Collomb, et Jean Genéty, adjoint aux sports, s'expriment à tout-va. Le premier, avocat de haut rang, explique avec son sens de la diplomatie qu'il ne faut pas forcément se presser mais que les collectivités ne pourront pas continuer de financer le sport professionnel et qu'il faut se réjouir si de jeunes chefs d'entreprise, acteurs du renouveau de la vie économique et financière lyonnaise, apportent leur concours à l'OL. De son côté, Jean Genéty, l'« ami » de Roger Michaux, déclare que rien ne sera possible sans une entente préalable avec le président Charles Mighirian mais surtout sans l'aval de la municipalité.

André est proche de la famille Mitterrand. Ami de longue date de mon père, socialiste comme lui, tous deux partagent un amour pour leur région du Beaujolais. Lui a été maire de Villié-Morgon dans les années 70, un village connu pour produire un des dix crus du vignoble du Beaujolais, le morgon, et mon père continue d'écrire sur ce beau coin de France. Une vraie complicité les lie. En qualité de premier adjoint du maire de Lyon, André Soulier sera pour moi un important soutien lorsque je serai élu président de l'Olympique lyonnais.

Le maire Francisque Collomb rappelle sa confiance en Charles Mighirian, précise que l'arrivée de partenaires soulagerait la municipalité et insiste pour que ce dernier ne soit pas « égratigné », pour reprendre ses termes, dans cette affaire. En ce début de semaine, j'échange plusieurs fois au téléphone avec Charles puis, le mercredi 4, je déjeune avec lui au siège de l'OL. Je suis en compagnie de Christian Laval, directeur de la communication de Cegid, Charles, lui, est accompagné du directeur administratif du club, Marino Faccioli, et de l'entraîneur Robert Nouzaret. Il est extrêmement perturbé par le déferlement médiatique provoqué par Bernard Tapie. Je lui confirme que je suis prêt à apporter mon concours en entrant au comité de gestion et je crois alors que nous pouvons faire un duo complémentaire, au moins pendant quelque temps. Charles est rasséréné par la tournure des événements mais n'évoque plus, ce jour-là, la perspective de mon entrée au comité de gestion. Les jours précédents ont été éprouvants pour tous.

Le 23 mars, le conseil d'administration doit statuer sur la proposition d'élargir le fameux comité de gestion de sept à neuf membres. Je présente au conseil les grandes lignes du projet que j'entends mener. Sans problème, Jean-Claude Morel et moi-même sommes élus à l'unanimité et rejoignons au sein du comité Charles Mighirian, Antoine Rossi, Jean-Michel Peret, Guy Pellet, René Chapoutier, Roger Michaux et Serge Manoukian.

Je commence à mieux appréhender le club et sa structure qui, de mon point de vue, tient encore davantage du patronage que de l'entreprise. Je ne parle pas du sérieux avec lequel le club est géré mais du manque de moyens juridiques et structurels, qui bloque toute évolution. Je me rends compte des difficultés à venir, des freins et des obstacles politiques très importants que je vais rencontrer. Je perçois en revanche tout de suite la passion de l'ensemble des administrateurs, leur grande espérance en un souffle nouveau après les déclarations de Bernard Tapie, mais aussi leur gêne immense envers Charles Mighirian, que tous respectent infiniment.

Les événements se sont précipités depuis le 17 février, puis mon élection au conseil d'administration. J'aimerais apporter ma contribution à Charles sans prendre la présidence dans un premier temps, mais je dois être réaliste. Je veux mettre en place ma stratégie et je dois tenir compte d'un contexte délicat entre la situation économique du club, les imbrications municipales, dont je ne suis pas coutumier, et la relation très ambivalente avec un environnement proche de Charles et qui craint de perdre ses prérogatives. Mon challenge prioritaire est simple : trouver un équilibre entre satisfaire tout le monde et suivre un plan pragmatique et ambitieux. L'efficacité passera par une gouvernance basée sur de seuls principes professionnels. Un antagonisme s'instaure entre Charles et moi que je ne souhaitais pas, mais ma conception de l'entreprenariat m'impose des règles sur lesquelles je ne peux transiger.

Le 5 juin suivant, quelques jours après mon élection à la présidence du club et avant un match de barrage contre Cannes qui allait condamner l'OL à jouer une saison de plus en deuxième division, Charles et moi entamons un tour de la pelouse de Gerland. Les supporters lyonnais l'ont chaleureusement applaudi pour le remercier d'avoir sauvé le club de la faillite. J'étais à ses côtés le successeur qu'il appelait de ses vœux depuis son élection et qu'il souhaitait présenter lui-même au public, même si tout ne s'était pas passé exactement comme il l'aurait souhaité. Ce tour du stade a été vécu comme un privilège pour Charles comme pour moi, un soulagement pour nous deux. Je lui avais donné des gages de bonne conduite et notre relation n'a fait ensuite que s'améliorer au fur et à mesure de la mise en place de la nouvelle politique du club.

7

Un projet européen

Ma première préoccupation après mon élection au conseil d'administration de l'OL le 23 mars 1987 est de faire prendre conscience au club et à son environnement proche qu'il faut se professionnaliser en matière d'organisation, de gouvernance, de structure juridique, mais en faisant attention à ce que cela ne soit pas perçu comme une mise en cause individuelle et personnelle. Je dois aussi rencontrer rapidement les principaux acteurs ou partenaires de l'économie du club, en particulier Jean-Claude Darmon qui a inventé le marketing sportif en France et a contractuellement en charge la régie publicitaire de l'OL, et bien sûr la municipalité de Lyon, dont les subventions peuvent assurer jusqu'à 30 % du budget.

En lien avec les services communication et marketing de Cegid, je peaufine ce que j'appelle le plan « OL-Europe » que je vais présenter aux administrateurs, aux partenaires et aux observateurs de l'Olympique lyonnais. Cet intitulé peut être interprété comme de l'utopie ou de la prétention mais peu importe. L'Olympique lyonnais est enlisé en deuxième division depuis quatre ans et puisque la perspective de mon arrivée suscite de l'espoir, je dois capitaliser sur cet enthousiasme et inscrire l'Europe comme une évidence alors que les supporters se contenteraient déjà d'un retour en première division. Mon objectif est clair, porté par un business plan précis : se qualifier pour la Coupe d'Europe dans les cinq ans.

Le 24 avril, je rencontre les journalistes lyonnais qui suivent l'actualité de l'Olympique lyonnais pour *Le Progrès* et *Lyon-Matin*. Je leur présente les grandes lignes de mon projet et j'évoque la prochaine étape, le jeudi 30 avril, jour où je rencontrerai successivement Jean-Claude Darmon et Francisque Collomb. Ces deux rendez-vous sont déterminants. Je dois absolument obtenir leur assentiment pour espérer mettre mon plan en application. J'ai bien conscience de casser les codes avec ce projet, en matière de communication. Placer l'Europe avant le retour en première division est perçu comme mettre la charrue avant les bœufs, quant à la création d'une société privée elle fait figure d'ovni.

J'ai mis un premier pied dans le monde du football seulement deux mois auparavant mais j'ai déjà eu l'occasion d'apprécier le poids comme le rôle des médias ainsi que l'utilisation habile voire perverse qui peut en être faite. La petite phrase prononcée par

Bernard Tapie le 1er mars, son impact et les exploitations diverses qui ont ensuite alimenté le microcosme lyonnais m'ont alerté sur la façon de procéder. En 1987 l'heure n'est pas à Internet et au téléphone portable, encore moins aux réseaux sociaux, seule la presse écrite accorde de l'intérêt à ce qui se passe à l'Olympique lyonnais. En bloquant ces deux rendez-vous en une même journée, j'évite donc d'éventuelles interférences.

Charles Mighirian adhère au projet et au procédé. Le jeudi 30 avril au matin, accompagnés de Guy Pellet, membre du comité de gestion du club et proche de Charles, nous prenons le TGV à la gare de La Part-Dieu pour Paris. Nous nous rendons ensuite directement au bureau de Jean-Claude Darmon, 62, boulevard Malesherbes, dans le huitième arrondissement, siège de sa société SEP Média Foot. Pendant une bonne heure, je lui présente mon plan, et surtout le cœur du projet avec la création d'une société privée en marge de l'association qui régit l'Olympique lyonnais, pour prendre en charge et développer toute l'activité commerciale, l'image et la promotion du club. Je guette le moindre de ses gestes et étudie toutes ses réactions car il est non seulement le régisseur contractuel de l'Olympique lyonnais dans le domaine du sponsoring, mais surtout l'homme fort du football français, un personnage incontournable très proche du président de la Ligue nationale de football, Jean Sadoul.

Charles m'a présenté Jean-Claude Darmon comme un homme très convivial, toujours dans l'offensive et soucieux de charmer son interlocuteur plutôt que de l'observer, mais la situation est là toute différente. L'intéressé en vérité nous surprend. Impassible, il m'écoute sans rien laisser filtrer, puis il décide de prendre la main, d'une voix ferme accompagnée d'un sourire étincelant, tel que Charles me l'avait décrit. « Révolutionnaire, ambitieux, gonflé » : Darmon ne manque pas de superlatifs pour qualifier ma vision.

J'essaye à mon tour de ne rien montrer de mes émotions, mais je suis rassuré. Son adhésion lève un premier frein et je n'imagine pas que le monde politique puisse ensuite s'opposer à un projet d'entreprise ainsi cautionné. Jean-Claude m'alerte sur le traditionalisme qui caractérise alors le football français et entrave son développement. Il insiste sur l'attachement du milieu sportif à la structure associative et me glisse enfin qu'il est assez content de voir arriver quelqu'un avec des idées novatrices qui ne pourraient qu'être bénéfiques. Il confirme qu'il entend bien continuer de travailler avec l'OL et me donne rendez-vous le lundi 18 mai pour affiner notre collaboration.

Satisfaits de ce premier contact de la journée, nous reprenons le TGV à l'heure du déjeuner pour arriver pile à la mairie de Lyon où Francisque Collomb nous a donné rendez-vous à 15 h 30. Entouré de son premier adjoint maître André Soulier et de son adjoint aux sports, le docteur Jean Genéty, Francisque Collomb nous écoute pendant une bonne heure. Je sens le maire de Lyon moins enthousiaste que Jean-Claude Darmon. Il demande un éclairage supplémentaire, en particulier sur la société commerciale que je souhaite créer, et m'explique qu'il devra échanger avec les autres élus avant de se prononcer. Sa prudence est légitime à défaut de me rassurer, mais je découvre un allié inattendu en la personne de l'adjoint aux sports, qui déclare que je symbolise le renouveau du football à Lyon.

La journée a été chargée, efficace et surtout riche en enseignements positifs. Avec Charles nous décidons alors de réunir le comité de gestion du club le soir même pour faire le point de la situation. Nous sommes tous là, Charles Mighirian, Guy Pellet, Antoine Rossi, Jean-Michel Peret, René Chapoutier, Roger Michaux, Serge Manoukian, Jean-Claude Morel et moi. J'explique l'intérêt manifeste de Jean-Claude Darmon, que je dois revoir dans deux semaines, puis j'aborde la réserve de Francisque Collomb, que je dois également revoir début juin. Je ne suis pas encore président mais je sais maintenant qu'il faudra que je le sois demain pour mettre en application mon plan OL-Europe. Je sens que Charles le sait aussi. La machine s'est tellement emballée depuis quelques semaines que nous ne pouvons plus l'enrayer, ni lui qui a trouvé le successeur qu'il cherchait, ni moi qui ai finalement tout fait pour lui succéder.

Le lundi 1er juin, Charles décide de démissionner de la présidence du club. Il organise un point presse pour expliquer qu'il aurait préféré attendre la prochaine réunion du conseil d'administration le lundi 15 juin, mais qu'il trouve plus naturel de me laisser dès à présent les coudées franches pour préparer l'avenir. Charles m'« offre » la présidence selon ses mots, tout en restant au comité de gestion pour continuer de m'accompagner.

Je deviendrai président de l'Olympique lyonnais le 15 juin, mais depuis ce 1er juin, je suis de fait le nouveau président du club. C'est en cette qualité que Francisque Collomb me reçoit une deuxième fois, le jeudi 4 juin. Le maire de Lyon est encore entouré de son premier adjoint et de son adjoint aux sports, mais une autre personnalité politique est à ses côtés, Jean-Paul Bonnet, vice-président du conseil régional. De toute évidence, le maire de Lyon prend la température auprès des autres collectivités avant de se positionner plus officiellement devant le conseil municipal. Je suis perplexe mais je décide d'attendre le verdict des barrages d'accession à la première division avant de voir comment je pourrai obtenir l'aval de la mairie de Lyon. Le lendemain, Cannes nous élimine !

J'ai besoin de la caution de la municipalité pour mettre sereinement en application mon plan de développement, sans avoir à me soucier d'éventuelles ingérences, et pour trouver les conditions d'une autonomie juridique et financière, tout en faisant en sorte que la ville continue d'aider le club par un système de subventions. Ce mode de financement des clubs professionnels par les collectivités locales me conforte dans mon analyse du manque total de maturité du football français que je découvre en cette fin des années 80. Mon esprit d'entrepreneur n'imagine pas que cela puisse durer éternellement, mais puisque c'est l'usage et presque la règle, je ne vais pas tirer un trait sur ces subventions. Je dois donc être crédible auprès de la municipalité et avoir son soutien total et engagé sur un plan politique.

J'évoque avec André Soulier l'idée de m'adresser directement aux membres du conseil municipal. Je ne connais pas les us et coutumes des milieux politiques et encore moins les règles qui régissent un conseil municipal, mais j'imagine faire comme avec les cadres de mon entreprise : une présentation magistrale de la stratégie puis un échange pour lever les éventuelles objections et être certain que tout le monde adhère au projet. André est d'accord avec ce principe à une nuance près, qui est capitale : seuls les élus peuvent s'exprimer devant le conseil municipal. Homme politique expérimenté et juriste averti, André trouve rapidement la parade. Il programme une séance dite « préalable » à la tenue du conseil municipal, un artifice juridique qui permet aux élus d'écouter un intervenant en dehors du strict cadre du conseil. André ne s'arrête pas là, il organise mon allocution dans la salle du conseil, ce qui lui confère le caractère officiel recherché.

Le lundi 22 juin, la ville de Lyon propose donc aux élus de son conseil municipal une séance préalable à la tenue du conseil proprement dit. Il y a tous les élus et même du public, comme pour les séances classiques, on fait salle comble ! J'ai de nouveau préparé mon intervention avec les équipes marketing et communication de Cegid, qui ont fait installer un grand écran et un rétroprojecteur pour une présentation qui est sans doute la première du genre dans cette enceinte. Pendant plus d'une heure j'explique mon plan OL-Europe suspendu à la création d'une société commerciale qui intrigue tout le monde. Je détaille mon business plan et définis clairement les objectifs sportifs : remonter en première division en moins de deux ans et jouer la Coupe d'Europe en moins de cinq ans.

Mon intention est d'obtenir le soutien économique de la ville avec le maintien des subventions, mais surtout l'aval massif du conseil pour bénéficier d'un soutien inconditionnel plutôt qu'une opposition qui n'ose pas dire son nom. Je n'obtiens pas l'adhésion de tous les élus mais plus de 80 % approuvent mon idée, ce qui me permet d'avoir la caution de la ville tout en rassurant les banquiers. Mon plan est ouvertement axé sur l'Europe pour d'emblée placer la barre haut et faire valoir aux yeux des Lyonnais l'ambition affichée par leur club.

Pendant quatre ans, Charles Mighirian a dû se contenter de gérer à court terme pour maintenir l'OL en vie. Il a fait du mieux possible sans prendre le risque de trop qui aurait rendu l'équilibre encore plus instable et le dépôt de bilan inévitable, sans possibilité aucune d'installer le rêve d'Europe qui seul déclenche la passion. À cette époque les Coupes d'Europe ne représentent pas l'enjeu financier que la Champions League connaîtra à partir des années 2000, mais elles donnent une crédibilité sportive évidente et ouvrent la porte à tous les fantasmes. La création de cette société commerciale OL-Europe conjuguée avec l'arrivée de nouveaux dirigeants à la tête du club et la présentation d'un plan sérieux et ambitieux permet de s'attribuer cette crédibilité sportive par anticipation. OL-Europe attire tout de suite de nouveaux partenaires et sponsors et se présente comme un interlocuteur fiable et crédible aux banquiers qui alors, et ce sera encore le cas pour certains bien plus tard, ne croient pas du tout dans le modèle économique du football.

Faute de trouver tout de suite un sponsor maillot à la hauteur de mes attentes, je décide que l'OL jouera en deuxième division avec un maillot marqué « OL-Europe ». Certains en riront, d'autres se moqueront ouvertement mais le message passe. Je veux faire de l'OL un club européen.

Il n'y a pas de certitude, simplement une conviction. Lyon est une ville de dimension européenne et, quand on regarde un peu comment fonctionne le football, on voit bien que les plus importantes métropoles d'Europe possèdent des clubs de dimension européenne – Londres, Manchester, Munich, Madrid, Barcelone, Turin, Milan, Rome, etc.

Il est toujours profitable d'exploiter les phases de rupture pour repartir de plus belle, éventuellement dans une autre direction. Parler d'Europe, c'est ne plus parler maintien ou rétrogradation mais ambition sur le long terme. C'est redonner à l'ensemble de l'écosystème « Olympique lyonnais » l'espoir indispensable quand on espère resserrer les rangs et mobiliser les troupes. Dans l'ensemble, les entrepreneurs locaux accueillent favorablement le projet, contrairement à l'environnement de Cegid, où certains experts-comptables restent plus frileux.

Notre entreprise a déjà près de deux mille clients dans l'expertise comptable. Leur seule crainte : que Cegid investisse davantage dans le sponsoring que dans la recherche et le développement de nouveaux produits. Les banquiers de Cegid et les miens à titre privé affichent également quelques réticences. Je dois donc donner des garanties personnelles très importantes pour passer le cap de la création d'OL-Europe et du financement des investissements en cours. Je bénéficie pourtant d'une forte crédibilité économique et financière mais les banquiers raisonnent en secteurs d'activité, et lorsqu'ils s'aperçoivent que dans un secteur les statistiques sont négatives, ils ont du mal à imaginer qu'une simple rupture de modèle puisse changer la donne. La relation va se normaliser avec le milieu bancaire, mais je vais désormais m'attacher à bien dissocier mon implication dans le football de mon action à la tête de Cegid.

8

Le pape et ses cardinaux

Lorsque je me suis rendu pour la première fois au 78, boulevard Malesherbes dans les bureaux de la SEP Média Foot, le 30 avril 1987, pour ce qui s'apparentait à un examen de passage, Jean-Claude Darmon m'avait donné un aperçu du monde du football et avait insisté sur un point, primordial à ses yeux : mon arrivée à l'Olympique lyonnais m'imposerait l'obligation de rencontrer et d'échanger avec les personnages qui régissent le football, tout particulièrement Jean Sadoul, président de la Ligue nationale de football, rebaptisée Ligue de football professionnel en 2002.

Jean-Claude va se charger d'organiser le rendez-vous. Avec sa faconde intarissable, son culot monstre et une intuition qui n'appartient qu'à lui, « le grand argentier », ainsi qu'on le surnommait dans les médias, est le commercial numéro un du football français. À la fin du mois de juin, il m'appelle pour me dire que Jean Sadoul peut me recevoir, me donne le jour et l'heure. Je comprends qu'il s'agit plus d'une convocation que d'une simple présentation et j'adapte mon agenda pour me rendre disponible. Le lieu de la rencontre me surprend. Je pensais faire la connaissance de Jean Sadoul au siège de la Ligue nationale, boulevard de Courcelles à Paris, mais il me demande de venir à Alès.

Je comprendrai vite que Jean Sadoul, ancien huissier de justice très attaché à sa région, venait rarement à Paris et qu'il concentrait tant le pouvoir du football professionnel français qu'il pouvait l'exercer d'où il était.

Jean-Claude me rejoint à Lyon où nous prenons tous les deux l'autoroute pour Alès vers une rencontre pour moi exceptionnelle. Pendant le trajet, il m'explique le fonctionnement de la Ligue et de son président afin que je comprenne le caractère quasi rituel de l'intronisation à venir, ou du moins ce qui y ressemble grandement. Mon conditionnement est tel qu'en sortant de la voiture j'ai l'impression que le pape en personne m'a accordé une audience privée.

L'homme est haut en couleur, il respire le pouvoir et l'expérience, avec toutes les caractéristiques du dirigeant qui règle les problèmes autour d'une bonne table après avoir exposé sa position avec une fermeté empreinte de jovialité qui signifie à son interlocuteur qu'il s'agit en fait d'une décision irrévocable. L'échange est chaleureux, très agréable, mais avec un ton et des mots choisis qui imposent la distance et vous rappellent que vous êtes en phase d'initiation. À une autre époque ou dans un autre milieu, j'aurais dû baiser la chevalière que Jean Sadoul portait à la main droite. Là, je dois me contenter de boire les paroles de celui qui dirige la Ligue et le football professionnel français.

J'ai droit à un exposé extrêmement argumenté des us et coutumes de la Ligue. Il y a ce que je pourrai faire et ce que je ne devrai pas faire. Je suis étonné et un peu froissé car j'ai l'habitude d'être beaucoup plus libre et indépendant, mais j'admets que cette nouvelle expérience professionnelle induit un certain nombre de concessions. Il y en aura d'autres évidemment, en particulier celles réclamées par les instances internationales.

Le président Sadoul m'explique par exemple que les affaires de famille se règlent en famille au risque de ne pas se régler. C'est très différent de ce que je vois au quotidien à Cegid et dans l'informatique, ou même dans le fonctionnement de l'OL où je suis arrivé par une porte quelque peu dérobée avant de passer vraiment par l'entrée officielle. Cette visite à Alès, très étrange, était nécessaire pour être admis dans ce qui m'apparaît comme une confrérie au sein de laquelle il peut y avoir des adversaires, comme les présidents de Marseille (Bernard Tapie) et de Bordeaux (Claude Bez), mais où il n'y a pas de place pour les contestataires.

En 1987, l'Olympique lyonnais n'est pas identifié par le président de la Ligue comme un club du présent, et encore moins du futur. L'OL n'existe donc pas ou peu à ses yeux et son nouveau président, moi en l'occurrence, pas davantage, d'autant que Jean Sadoul apprécie Charles Mighirian, ce qu'il me fait bien comprendre. J'ai ainsi droit à un certain nombre de réflexions et de questions concernant mon prédécesseur, Charles, dont l'entourage a dû faire jouer les ressorts de l'histoire. Originaire de Joyeuse dans le sud de l'Ardèche, à moins de cinquante kilomètres d'Alès, Charles est proche de Jean Sadoul et de son fils Christian, géographiquement mais aussi amicalement. Membre à part entière de la grande famille du football français.

Je quitte Alès en ayant compris trois choses que je devrai garder en mémoire. 1. L'Olympique lyonnais n'est absolument pas sur la carte des clubs qui comptent, pire, qui pourraient compter. 2. Je ne devrai pas faire de choses qui pourraient froisser mes collègues présidents de club. 3. D'une manière ou d'une autre, je ne pourrai rien faire sans l'assentiment de Jean Sadoul ni celui de Jean-Claude Darmon, du moins tant que je n'existerai pas.

La rencontre avec Jean Sadoul est quand même un coup de froid, car j'étais à mille lieues d'imaginer que les règles de fonctionnement de la Ligue étaient à ce point anachroniques, si loin du monde entrepreneurial qui est mon quotidien. Je suis un peu déstabilisé mais j'accepte la règle du jeu, car pour réussir avec l'Olympique lyonnais je dois m'intégrer dans ce milieu si particulier. Je me résous à penser que c'est une formidable opportunité pour quelqu'un comme moi qui veut faire bouger les choses. Il faut que je me fasse accepter pour m'installer dans une position d'attente, afin ensuite de convaincre, réformer et aller de l'avant.

Je suis par ailleurs persuadé que la collaboration avec Jean-Claude Darmon se passera bien. Jean-Claude a parfaitement intégré que les grandes villes offraient le meilleur terroir pour générer des contrats publicitaires importants. Il est donc non seulement très à l'écoute de ce que je veux faire à l'OL, mais il est prêt à servir les thèses que je développe et à contribuer à ce que l'OL, retrouve une image positive et un poids au sein de notre football national.

Après Jean-Claude Darmon et Jean Sadoul, je souhaite me présenter et échanger avec d'autres grands dirigeants représentatifs du football français, des présidents qui comptent. J'ai déjà rencontré à plusieurs reprises Bernard Tapie via BT Finances, alors je me tourne logiquement vers l'autre personnalité forte de l'époque, le président des Girondins de Bordeaux, Claude Bez, un expert-comptable qui dirige le cabinet BSF Associés avec son frère. Ils sont clients Cegid, ce qui facilite le contact et un premier rendez-vous au cœur de l'été. Je veux avoir sa vision du football français, les écueils potentiels et son idée de ce qui pourrait être fait à Lyon.

Claude Bez est flatté que le président fraîchement élu que je suis vienne voir comment il a structuré ses équipes, car cela contribue à sa réputation de référent du football côté clubs, comme Jean Sadoul l'est côté Ligue. Il me reçoit au Haillan, le centre d'entraînement des Girondins de Bordeaux, me fait visiter les installations, les plus modernes de France, puis m'invite à dîner au château Bel-Air, siège du club, qui trône au milieu des vingt-cinq hectares du complexe. Nous dînons tous les deux sur une immense table et on nous sert de la matelote d'anguille au bordeaux. J'essaye de faire bonne figure mais ce n'est pas exactement ce que j'apprécie. Je préfère les propos de Claude Bez, heureux de partager son expérience.

Celui-ci me conseille en particulier de m'appuyer sur l'histoire de l'OL en confiant l'équipe à d'anciens joueurs du club, et il me cite les noms de Raymond Domenech alors entraîneur de Mulhouse et de Bernard Lacombe qui vient d'arrêter sa carrière de joueur et entraîne une équipe de jeunes des Girondins. Il m'explique que ces deux-là seraient parfaits car ils ont l'un comme l'autre un fort attachement à l'OL et à la ville de Lyon et sont en outre deux personnalités totalement antagoniques, un méchant et un bon. J'arriverai à constituer ce duo un an plus tard, ce qui permettra au club de retrouver la première division puis l'Europe.

Claude Bez me parle aussi de ses relations avec les élus bordelais et notamment avec Jacques Chaban-Delmas, le maire de la ville, ancien Premier ministre de Georges Pompidou et à l'époque président de l'Assemblée nationale, qui avait parfaitement intégré l'intérêt pour une grande métropole de cautionner une équipe de football de premier plan. Je rencontrerai ensuite Jacques Chaban-Delmas, avec lequel j'aurai des échanges très intéressants sur les retombées économiques et d'image que sa ville retirait des performances des Girondins.

Claude Bez me parle enfin de l'Europe et affirme avec insistance qu'il n'y aura pas de football possible à l'avenir sans participation aux Coupes européennes. Les retombées financières de ces compétitions sont encore limitées, mais il a déjà compris qu'elles augmenteront de façon exceptionnelle. Son expérience et sa réussite cautionnent les orientations et les informations qu'il me donne et qui me seront très profitables.

Avec l'accession de l'OL en première division en 1989, je vais apprendre à connaître d'autres présidents de club, la plupart à la personnalité très marquée avec bien sûr d'immenses qualités pour diriger des clubs importants, mais aussi cultivant de fortes relations avec Jean-Claude Darmon, le poumon du football français. Je découvre Jean-Louis Campora, président de Monaco et maître à penser de Jean-Claude Darmon quand il s'agit de parler développement économique et stratégie de club ; Louis Nicollin, président de Montpellier dont la gouaille cache un entrepreneur redoutable, fier de ses origines lyonnaises ; ou encore Carlo Molinari à Metz, Jean-Claude Hamel à Auxerre, Francis Borelli et son successeur au PSG Michel Denisot, véritable homme de communication mais vrai patron tout autant. Ces présidents sont d'authentiques personnages, chacun avec sa manière mais tous affichant une forte identité de leur club et de leur région.

La compétition sportive nous oppose mais au fil des matchs se crée parfois un attachement amical ou, à tout le moins, une grande complicité. Les relations sont dans l'ensemble saines, même s'il y a certains antagonismes. Bernard Tapie et Claude Bez vont s'opposer et parfois même se combattre, mais globalement règne un certain respect de la fonction, du fait que les présidents mettent leur propre argent en jeu. Contrairement à la Ligue, où j'ai peu de points d'appui, j'apprécie ce monde des présidents de club, ces hommes efficaces, parfois truculents, qui ne sont pas là pour quelques mois seulement ni juste pour se faire un nom. Ils font grandir leur club et connaissent toutes les particularités du poste, avec une pérennité qui crée une relation de confiance forte entre nous. Les présidents passeront ensuite de plus en plus vite. J'en connaîtrai plus de dix différents, comme à Paris, Marseille, Lille, Strasbourg, Nice, Rennes, Saint-Étienne.

9

Le moteur de mon existence

S'investir, fédérer, positiver, innover, convaincre, écouter, partager, les ingrédients de la réussite n'ont de valeur qu'en fonction du parti que l'on en tire vraiment et plus encore de la personnalité qui les agrège. Je ne pense pas qu'il y ait de méthode implacable, plutôt des principes sous-tendus par une détermination extrême et parfois transcendés par les aléas de la vie. Je me suis toujours investi intensément dans tout ce que j'ai entrepris. J'étais comme ça enfant et adolescent quels que soient les jeux ou les activités. Idem lorsque j'ai encadré des stages de jeunes ou joué au handball. J'ai toujours eu besoin de m'engager de façon exceptionnelle. Dans le cadre du travail, cette prédisposition naturelle ne m'a pas quitté.

Diriger une start-up à dix-neuf ans ne demande pas la même implication que celle nécessaire à la présidence simultanée d'une entreprise du digital d'envergure internationale et d'un club de football reconnu en Europe. Je me suis donc adapté, façonné et organisé de telle façon qu'il m'était possible de supporter plusieurs charges à la fois. J'ai compris que, lorsqu'on veut créer, développer et mener plusieurs projets en même temps, on doit construire des fondations, des contreforts, des protections avec son environnement proche. La relation humaine et professionnelle doit être validée puis entretenue car elle sert de points d'appui pour aller plus loin et plus haut. Pouvoir compter sur ceux en qui j'ai placé ma confiance m'a de toute évidence permis de me consacrer au développement, à l'innovation et à la croissance de mes entreprises. Objectivement, il ne s'agit pas d'une stratégie prédéfinie, mais de l'application de convictions forgées au gré des expériences et des opportunités.

J'ai fondé l'essentiel de mes prises de décision sur la confiance que je porte aux gens qui travaillent en relation directe avec moi, en me basant sur les valeurs fondamentales du travail : l'envie, l'effort et la solidarité. Je suis heureux de voir que ceux avec qui j'ai construit, auxquels j'ai délégué, que j'ai convaincus, les équipes avec lesquelles j'ai travaillé, sont pour la grande majorité restés extrêmement longtemps soudés autour de moi. On est toujours très exposé quand on a la responsabilité de groupes comme Cegid ou l'Olympique lyonnais, mais ceux à qui j'ai accordé du crédit ne l'ont jamais ou alors très rarement galvaudé.

Cette stabilité au sein de mes équipes sous la direction de Patrick Bertrand à Cegid, de Thierry Sauvage à l'OL qui a succédé à Marino Faccioli après son départ à la retraite, m'a offert une force supplémentaire indéniable. Olivier Blanc, qui a rejoint le club en 1989 juste avant la remontée en première division, m'a ainsi accompagné pendant trente ans comme directeur de la communication. C'est dans la connaissance des aptitudes et des manières d'agir de chacun que l'on peut tirer le meilleur parti des uns et des autres, et par conséquent atteindre le plus efficacement ses objectifs. Ce qui peut paraître paradoxal compte tenu de mon parcours, c'est que j'ai besoin d'un cadre pour évoluer, en particulier dans le domaine des relations humaines. Je mets du temps à accorder ma confiance mais, une fois qu'elle est là, je n'ai aucune raison de changer d'attitude. Je peux compter à l'OL sur la présence de dirigeants historiques qui m'accompagnent depuis plus de trente ans, comme Jean-Paul Revillon, Serge Manoukian, Jacques Matagrin, Gilbert Giorgi et Christophe Comparat. Je suis convaincu par-dessus tout qu'une équipe stable est plus efficace qu'un amalgame dont les éléments même ultra-compétents changent sans arrêt. À tout prendre je préfère travailler en terrain connu.

Pour avancer, mon leitmotiv a toujours été de retenir le positif et de regarder devant moi. J'ai fait mienne cette citation de sir Winston Churchill : « Un pessimiste voit la difficulté dans chaque opportunité, un optimiste voit l'opportunité dans chaque difficulté. »

Avec ma première entreprise CEGI en 1969, puis avec Cegid et l'Olympique lyonnais ou dans les différentes initiatives que j'ai pu prendre, je me suis toujours appuyé sur ces principes, auxquels j'ai accordé de plus en plus d'importance au fil des responsabilités que j'ai eu à assumer.

Penser positivement c'est croire au lendemain, avoir confiance en soi, en son projet, en ses collaborateurs, c'est être convaincu de la justesse de ses choix et faire en sorte que ceux qui vous entourent adhèrent également. Je me suis interdit de penser autrement et c'est encore aujourd'hui le principe essentiel sur lequel je m'appuie.

L'entrepreneur est par essence positif mais il doit cultiver cette valeur pour que chacun autour de lui se l'approprie au quotidien. Je dis toujours à mes plus proches collaborateurs du comité de direction de l'OL, comme aux joueuses et aux joueurs car c'est encore plus probant dans le cadre des équipes sportives, qu'à chaque poste on se doit d'être exemplaire parce que c'est le surpassement de chaque membre de l'équipe qui va générer la motivation collective.

En ne retenant que le positif, on est un peu dans le même exercice qui va permettre la réussite du collectif. Il faut faire en sorte d'être au top à l'instant T, que ce soit pour la conquête d'un client, à l'occasion d'un match ou lors d'une réflexion stratégique d'acquisition d'une entreprise, afin que ceux qui vous entourent, les membres de l'équipe, ne voient et ne ressentent que ce qui est positif pour devenir naturellement positifs eux-mêmes. Le leadership de l'entrepreneur qui se surpasse de manière constante et optimale incite au surpassement individuel, qui lui-même engendre la motivation collective.

Cette mécanique de l'entreprise m'a aspiré et contraint à adopter un rythme effréné qui a fortement influé sur ma vie personnelle. Mon fils né le 5 janvier 1986 a pu regretter mon manque de disponibilité, dont je n'ai pris conscience que très tard. J'étais déjà tout entier tourné vers mon monde professionnel, avec avidité et ambition, mais aussi parce qu'il constituait pour moi une manière de refuge.

Le décès de ma mère partie de sa propre volonté le 14 septembre 1977 m'a depuis longtemps amené à réfléchir sur le sens de la vie, de ma vie, sur les occasions manquées, ce que j'aurais pu ou dû faire, ce que j'avais déjà entrepris. Ce départ prématuré a grandement participé à ma construction d'homme. J'avais vingt-huit ans et, après avoir déjà créé puis revendu ma première entreprise CEGI, j'étais alors directeur général adjoint et administrateur de Sligos Rhône-Alpes, mais il n'y a pas d'âge pour souffrir.

Il est toujours compliqué de tirer des conclusions définitives de certains moments de son existence, mais quand l'harmonie de la cellule familiale explose et est détruite, on doit chercher sans cesse ailleurs un certain nombre d'engagements alternatifs.

Je me suis alors consacré davantage à mon métier, si tant est que cela soit possible, peut-être justement pour prouver à ma mère, à ma sœur, à moi-même le bien-fondé de mon choix. Maman a lutté pendant des années contre des murs qui l'ont étouffée. J'en ai parlé avec elle et je pensais qu'elle pouvait s'en sortir, mais je l'espérais sans doute davantage que je ne le pensais. Maman aimait sa famille, ses amis, elle aimait enseigner, mais elle n'a pas pu ou pas su aimer suffisamment la vie. Son enterrement, qui s'est fait sans elle car elle avait choisi de donner son corps à la science, a été un déchirement supplémentaire, son absence un éternel vide. Nous sommes tous responsables. Ma mère, mon père, ma sœur et moi.

Ce départ m'a appris à me protéger, d'où peut-être ce besoin de stabilité professionnelle autour de moi, et il m'a décidé à être pour toujours acteur de ma vie plutôt que spectateur. J'avais déjà une forte propension à m'investir pleinement dans ce que je faisais, à travailler beaucoup et à vouloir aller au bout de mes idées, mais depuis ce 14 septembre 1977, je ne me suis plus donné de limite. J'ai voulu créer, innover, développer, découvrir, et je me suis définitivement refusé à accepter qu'on me réponde non sans me battre quand je croyais qu'un oui était plus logique ou légitime.

10

L'art de communiquer

La présidence d'un club de football a fait de moi un homme public, avec une amplitude proportionnelle à la passion propre à ce sport, à l'intérêt que les médias lui confèrent, aux oppositions dont les supporters se nourrissent, mais aussi à la façon dont j'ai moi-même envisagé d'assumer mon engagement.

Avant d'arriver à l'Olympique lyonnais, ma notoriété en qualité de président de Cegid était toute relative, limitée à mon milieu professionnel ainsi qu'aux médias économiques et financiers qui s'intéressent à mon parcours d'entrepreneur plutôt qu'à l'exégèse de mes propos.

Le brouhaha médiatique qui accompagne la seule évocation de mon arrivée possible à l'Olympique lyonnais me fait rapidement entrevoir le gouffre qui sépare ce que j'ai connu de ce qui m'attend. Les premières semaines, voire les premiers mois, je suis quelque peu assourdi par ce tapage médiatique et parfois déboussolé par les accès de mégalomanie dont il menace ceux qui manquent de lucidité. Heureusement mon besoin de pragmatisme l'emporte toujours sur l'autosatisfaction ou l'orgueil.

Sans hésiter, je prends le contre-pied et décide de faire de ma médiatisation – et donc de l'accès aux médias – un atout au service de mon projet, avec le risque assumé de dégâts collatéraux quant à l'opinion que les gens auront de moi. Cette hypermédiatisation est propre au football, exception faite peut-être de la politique. Autre particularité de cet univers, le spectre de la communication est extrêmement large, qui va des supporters portés par une passion dont ils revendiquent la quasi-exclusivité, jusqu'aux médias qui imposent des jugements souvent sans nuance, en passant par l'ensemble des spectateurs et amateurs de football, les partenaires économiques des clubs, les milieux entrepreneuriaux et financiers, sans omettre l'incontournable monde politique dont les interventions sont parfois opportunistes, hâtives et démagogiques.

L'attrait généralisé pour le football confère à la communication une dimension très difficile à maîtriser sur la durée et demande tellement d'énergie que, quand les choses vont un peu moins bien, je me demande parfois si le jeu en vaut la chandelle. Néanmoins, je demeure convaincu qu'il est impossible de s'affranchir de cette hyperexposition dont les acteurs du football sont vite prisonniers, et qu'à tout prendre il est préférable d'en faire un atout, en veillant bien sûr à protéger les intérêts de l'institution dont on a la charge. Quand on est uniquement président d'un club de football, on peut se dire que c'est le prix à payer. Mais parce que j'ai développé d'autres activités tout au long de ma vie, comme je continue de le faire aujourd'hui avec mon fils dans notre société familiale Holnest, il m'est apparu indispensable de cloisonner les domaines d'intervention afin d'éviter que la communication autour du football pollue mes autres engagements.

J'en veux un peu à l'environnement actuel du football, car il y a eu une détérioration au fil des années et des évolutions technologiques qui font que la communication est aujourd'hui plus souvent un handicap qu'un accélérateur. La crise du Covid et l'enchaînement des situations de violence dans les stades au cours des dernières saisons en sont une illustration, avec des institutions qui s'affranchissent de leurs propres responsabilités et sont trop facilement influencées par une communication extérieure voire la politisation de certaines situations. La communication se transforme aussi en opposition, parfois en combat, avec des médias toujours plus sûrs de leur fait et qui influent sur la vie des clubs ou des joueurs sans en avoir pleinement conscience, ou du moins sans mesurer leur impact, ce qui ne m'apparaît pas très sain et est difficile à accepter.

Je suis partie prenante de cette communication puisque je l'utilise, j'assume par conséquent ma part de responsabilité en étant présent sur les réseaux sociaux, acteurs majeurs de cette évolution avec une instantanéité et une liberté pervertie par un anonymat favorisant toutes sortes de dérives. Mais ne pas les utiliser serait encore pire et surtout se faire broyer sans réagir. Ma présence sur Twitter, plus pondérée aujourd'hui qu'au début, a été somme toute efficace dans la communication, à force d'explications, de précisions et de rectifications. Être en prise directe avec plus de six cent cinquante mille followers est tout sauf anodin.

Cette décision d'utiliser la communication à l'extrême plutôt que de la subir a été bénéfique pour l'Olympique lyonnais, mais n'a pas été sans me causer toute une série de désagréments. Dans ce milieu exacerbé où les supporters sont par définition partiaux, l'hypermédiatisation vous oppose à la plupart de ceux qui défendent les couleurs d'un autre club et elle agace observateurs et médias prompts à vous critiquer, ce qui, paradoxalement, alimente leur talk-show. Chacun est dans son rôle, y compris poussé à l'excès, moi comme les autres. C'est ainsi et j'ai décidé de faire avec, quitte à ce que l'image que je renvoie de moi ne corresponde qu'imparfaitement à la réalité.

Certaines personnes me reprochent de dire des choses qui fâchent, mais je pense qu'il vaut mieux les exprimer au risque de récolter parfois une critique en retour. Si cela permet de tenir le cap et de faire mieux que ses concurrents, pourquoi pas ? Je ne m'attache pas trop à la forme, si j'ai la conviction qu'il faut donner mon avis, même si je sais que cela ne fera pas plaisir et m'exposera à certaines critiques, je le fais. C'est le souci d'efficacité qui me commande. C'est certain, je préfère en prendre « plein la tête » que me taire quand je suis convaincu de quelque chose. Je suis un enfant de l'école publique puis de 1968 et je n'ai jamais hésité durant toute ma vie à intervenir dès que pointe l'injustice. Défendre les libertés dans les rues de Paris ; l'introduction en Bourse des clubs de football à Bruxelles ou l'accès à la propriété du stade de l'OL devant les tribunaux : pour moi, toutes les causes justes méritent d'être défendues.

Je tiens à ce que le monde économique dans lequel j'exerce s'appuie sur des fondements équitables. Trop de choses dans la vie reposent sur des relations et des interprétations sans valeur à mes yeux. Je suis pragmatique et indépendant et c'est pour cela aussi que, quand on exprime des idées positives à mes yeux, je ne manque jamais de les relever, qu'elles viennent de droite ou de gauche, peu m'importe.

Il est convenu de dire depuis de nombreuses années que je n'agirais qu'en fonction des intérêts de mon club, un raccourci que je préfère exprimer différemment. Dans un système vertueux, je milite en toute logique pour que celui-ci progresse encore parce que je sais que l'OL aura alors des atouts qui lui permettront de lutter au moins à armes égales avec ses concurrents. Le problème, c'est qu'à l'heure actuelle le système n'est plus équitable. Il permet par exemple à des États d'investir des milliards d'euros dans un club qui, de fait, place d'emblée ses concurrents censés être des égaux en position d'infériorité. Dans ce nouveau contexte, je n'ai d'autre choix que de me battre afin d'obtenir des réformes qui, sans doute, serviront les intérêts de l'OL mais aussi ceux de l'équité, de la justice et de l'équilibre compétitif.

Je suis parfois excessif, j'ai conscience de pouvoir agacer, mais je n'accepte pas les commentaires dégradants. Entendre que je suis machiavélique m'a par exemple longtemps énervé. Les vrais machiavéliques sont ceux qui ont organisé la fin du championnat en 2020 – présidents de club ou responsables des instances du football – pour des raisons d'intérêt personnel et non de contexte sanitaire.

Je suis arrivé dans ce milieu avec une approche différente de ce qui se faisait jusque-là et j'ai défendu certaines idées novatrices. Le football était longtemps resté en France coincé entre la vision du baron de Coubertin et la réalité du sport professionnel. Je me suis alors trouvé au centre de cette ambiguïté avec quelques trop rares autres jeunes présidents. J'ai bataillé pour défendre mes convictions et développer mon projet d'entreprise. J'ai rencontré des oppositions et subi des sarcasmes, j'ai commis des erreurs et parfois usé de provocation, mais rien ne m'a empêché d'avancer et de bâtir l'Olympique lyonnais sur le modèle vertueux que j'avais imaginé.

Comme d'autres entrepreneurs, j'appartiens à la famille des bâtisseurs ou des novateurs, de ceux qui font en sorte de définir des structures dans lesquelles les investissements porteront des projets dans le cadre d'une concurrence stricte mais saine et non pas arbitraire. Dans toutes les grandes mutations économiques, industrielles et sociales, des gens ont bousculé les choses sans avoir forcément eu d'emblée les faveurs de ceux qui analysent ou qui jugent, mais avec le temps ils ont souvent été reconnus pour ce qu'ils ont fait. J'espère qu'il en sera ainsi.

11

Entraîneur dans tous les sens du terme

Entraîneur est un métier difficile et complexe que j'ai découvert, en même temps que le football professionnel, en arrivant à la présidence de l'Olympique lyonnais en 1987. Les mérites de l'entraîneur ne sont que très rarement magnifiés à la hauteur des succès de son équipe, mais il est toujours lourdement mis en cause en cas d'échec. C'est injuste mais c'est ainsi. Si une équipe gagne c'est grâce à ses joueurs, si elle perd c'est à cause de son coach. Exception faite de ma première saison de présidence, marquée par un élément exogène qui altérera profondément ma relation avec Robert Nouzaret, j'ai toujours pris le parti de soutenir mes entraîneurs coûte que coûte. Je pense avoir en effet assez tôt compris qu'au-delà de l'injustice qu'il pouvait y avoir à faire porter au seul entraîneur la responsabilité de mauvais résultats, il était capital que les joueurs mais aussi l'environnement du club sachent que le président ne changera pas de cap à la première tempête, et que sa confiance vaut pour le groupe professionnel dans son ensemble, entraîneur compris. De ce principe qui a pu parfois dériver un peu dans son application, j'ai fait une constante, même si mes premiers pas à l'Olympique lyonnais sont paradoxalement plutôt éloignés de ces considérations.

Début juin, juste après mon élection, je consacre un après-midi à éplucher différents documents officiels du club afin de mieux comprendre son fonctionnement. Je tombe avec stupéfaction sur le compte-rendu du comité de gestion du 23 mars 1987 réuni deux heures seulement avant le conseil d'administration qui allait entériner mon arrivée et celle de Jean-Claude Morel au comité de gestion. Dans ce document, il est écrit que Robert Nouzaret a exprimé le souhait de conserver toutes ses prérogatives dans le cas où je deviendrais président, qu'il a demandé la signature d'un avenant à son contrat précisant ses responsabilités d'entraîneur et enfin qu'il a mis en garde le comité de gestion sur les effets négatifs que l'annonce d'une politique sportive d'envergure pourrait avoir sur la fin de saison. Ma relation avec Robert est perturbée avant nos premiers échanges. Sa méfiance engendre ma défiance.

La saison commence et j'apprends à connaître Robert, mais toujours à travers ce prisme irrémédiable. Notre relation va se distendre au fil des semaines en même temps que l'apparition de premiers conflits entre Robert et certains joueurs. Lors d'un match à Orléans, en octobre 1987, Robert décide de se passer de deux éléments majeurs, Laurent Fournier et Eugène Kabongo, et le match se termine par une lourde défaite 0-3. Robert m'explique ensuite qu'il préfère mourir avec ses idées que gagner avec celles des autres. Pour ma part, je veux simplement gagner avec l'Olympique lyonnais. Ses propos lestent un peu plus le passif du comité de gestion du 23 mars et créent un schisme qui débouche sur son départ.

La suite de la saison est marquée par le passage éclair de deux autres entraîneurs que je ne choisirai pas directement et par mes hésitations dommageables. J'ai trouvé intéressants les propos de Claude Bez et je souhaite l'arrivée de Raymond Domenech pour remplacer Robert Nouzaret, mais André Goerig, le président de Mulhouse dont Raymond est l'entraîneur, s'y oppose, du moins jusqu'à la fin de la saison. Je mise alors sur un accord avec André Goerig pour libérer Raymond en juillet 1988 et je cherche un candidat pour terminer la saison, mais je n'ai pas encore de relais dans le football. Un membre du comité de gestion du club, Jean-Michel Peret, propose la candidature de Denis Papastratidès, majeur de sa promotion d'entraîneurs quelques années auparavant, mais sans club et avec une expérience réduite à Villefranche et Louhans-Cuiseaux. J'accepte sans conviction et je n'assiste d'ailleurs pas à sa présentation faite par le vice-président du club

Jean-Joseph Moreno. Son passage est un échec. Marcel Le Borgne, ancien joueur du club qui prendra sa suite, termine plus honorablement ma première saison de présidence. Un tour de chauffe en deuxième division, rien de plus.

L'été suivant, André Goerig accepte de libérer Raymond Domenech qui était ma priorité et celle du comité de gestion. Raymond devient donc entraîneur de l'OL avec Bernard Lacombe comme adjoint. Je mets ainsi en place ce que Claude Bez m'avait suggéré, avec le retour de joueurs formés à l'Olympique lyonnais qui ont tous les deux contribué à la survie du club englué dans un marasme financier dans les années 70, le premier en étant transféré à Strasbourg en septembre 1977 et le second à Saint-Étienne dix mois plus tard.

Bernard ne quittera plus l'Olympique lyonnais et je passerai plus de trente ans avec lui à l'écouter me conter le football et son histoire sans jamais me lasser. Sa science du jeu, sa perception des hommes et son intuition ont servi le recrutement mais aussi pendant longtemps le quotidien du vestiaire de l'Olympique lyonnais, et m'ont permis de doser certaines décisions importantes. Nous avons peut-être passé plus de temps ensemble qu'avec notre famille, ce qui a construit une relation affective qui nous a permis de savourer ensemble les immenses satisfactions sportives et m'a autorisé à être à ses côtés dans des moments très douloureux sur le plan familial. Quand Bernard a pris sa retraite fin 2019, j'ai tenu à ce qu'il puisse rester à nos côtés dans les moments importants de l'OL, lors des matchs, au Groupama Stadium comme à l'extérieur.

Raymond impose sa forte personnalité faite de rigueur, mais aussi de rudesse qui se traduit dans la relation quotidienne par l'affirmation de certitudes, sans que j'arrive à savoir si celles-ci guident son attitude ou sont une simple posture qu'il justifie par des positions très tranchées, parfois proches de l'affrontement et peu diplomatiques. Je m'entends néanmoins bien avec Raymond, un bon entraîneur, intelligent mais provocateur, qui apporte beaucoup au club, qu'il fait remonter dès sa première saison en division 1, objectif déterminant pour la mise en orbite du projet que je mène.

Ce passage à l'échelon supérieur est un pur bonheur, qui suscite une vague de contentement dans la ville tout entière, avec une ambiance indescriptible à Gerland le 22 avril après un match nul 0-0 qui officialise le retour en division 1, puis une nuit de bonheur dans le centre de Lyon et plus particulièrement au Grand Café des Négociants où le club fêtera l'événement. Cela me rappelle les émotions que Fleury Di Nallo, Nestor Combin ou Ángel Rambert ont suscité en moi en 1964 lorsque, enfant, je les ai vus remporter la première Coupe de France de l'histoire du club, sur l'écran noir et blanc de la télévision familiale. La relation de Raymond avec Bernard est très bénéfique car il y a une grande complémentarité entre eux et surtout un fort ADN OL qui les unit.

Raymond a alors sans doute une idée trop traditionnelle du management, ce qui n'est pas problématique au début des années 90 mais qui, sans une totale remise en cause, pourrait expliquer certaines difficultés dans la suite de sa carrière. Raymond reste cinq saisons entraîneur de l'OL, un bail qui avec l'expérience se révélera un peu long à un poste qui nécessite davantage de renouvellement pour assurer une bonne dynamique au sein du groupe.

L'arrivée de Jean Tigana tient du coup de cœur. Quand je le contacte en 1993, il vient d'arrêter sa carrière de joueur et n'a jamais entraîné, mais son enthousiasme, sa détermination et son ambition me séduisent et me convainquent. Son arrivée à l'OL est actée après un accord particulier lié à sa reconversion. Depuis 1987, Jean est propriétaire du domaine viticole Château-Bibian dans le Haut-Médoc et il commercialise sa production en misant sur sa notoriété. Pour lui permettre de se consacrer à son nouveau métier d'entraîneur, je lui achète une partie de sa production, qui va directement dans la cave de ma maison de campagne occupée par mon père, dans le village de Lucenay à une vingtaine de kilomètres au nord de Lyon.

Jean fait franchir un cap à l'Olympique lyonnais en attirant trois joueurs de l'Olympique de Marseille. Pascal Olmeta, Manuel Amoros et Abedi Pelé, qui viennent de remporter la Ligue des champions, apportent leur expérience du très haut niveau et inculquent la notion de gagne à un groupe extrêmement jeune, composé pour l'essentiel de joueurs formés au club comme Ludovic Giuly, Florian Maurice, Bruno Ngotty, Romarin Billong ou Florent Laville. Jean crée une dynamique extraordinaire dans le club et autour. Sa deuxième saison sera remarquable, avec une qualité de jeu reconnue et une deuxième place qui constitue alors le meilleur classement de l'histoire de l'Olympique lyonnais. Mais si Jean s'affirme comme un entraîneur de grande qualité, il est aussi un homme complexe avec des réactions parfois difficiles à anticiper.

La situation financière du club me contraint d'envisager le transfert de Bruno Ngotty au PSG, ce que Jean perçoit comme une entrave à ses ambitions sportives. Il annonce alors brutalement sa décision de quitter l'Olympique lyonnais, ce que je ne souhaite pas et ce qui pénalise le club, mais il ne reviendra pas sur sa décision. Nos relations se rafraîchissent, mais quelques années plus tard, son avocat Yves Wehrli me sollicite pour m'informer que Mohamed Al-Fayed, propriétaire de Fulham, attaque Jean en justice en lui reprochant – ce qui s'avérera infondé – d'avoir perçu des commissions sur des transferts, notamment sur celui de Steve Marlet, alors qu'il était entraîneur du club. J'accepte aussitôt d'apporter mon témoignage de soutien à Jean, car je privilégie toujours la relation historique et amicale à toutes divergences, superficielles ou même plus profondes. Je me présente donc devant la cour de Londres, impressionné par la majesté de l'édifice et la solennité de la salle d'audience dominée par les juges en robe noire et perruque longue face aux avocats qui portent les mêmes robes noires mais des perruques courtes. Accompagné de mon avocat, j'explique et justifie que le comportement de Jean à l'OL a été parfaitement intègre. Je me réjouirai quelque temps plus tard en apprenant que la justice britannique lui a donné raison.

Après son départ, je trouve logique de donner sa chance à Guy Stéphan qui a été son adjoint pendant deux saisons après avoir été celui de Raymond Domenech lors de sa dernière saison d'entraîneur. Guy a une petite expérience mais il connaît le club et le groupe de joueurs. C'est un homme bien, le premier entraîneur avec lequel je construirai une relation professionnelle suivie.

Je suis président depuis huit ans et je commence à maîtriser certaines spécificités du football, en particulier la psychologie des coachs et des joueurs. Je me rapproche donc pour la première fois de mon entraîneur pour mieux appréhender le quotidien du groupe professionnel et apporte à Guy ma vision extérieure en termes de management.

La première saison est moyenne en championnat mais Guy et ses joueurs s'illustrent en Coupe d'Europe et en Coupe de la Ligue. La double confrontation contre la Lazio de Rome marque la première performance européenne du club depuis le retour en division 1. Le dimanche précédant le match retour, la Lazio inflige un terrible 4-0 à la Juventus en championnat d'Italie, ce qui conduit la presse locale à titrer avant notre match : « Traitez-les comme la Juve ». Florian Maurice et Éric Assadourian offrent un succès 2-0 et une qualification, que Michel Platini qui commentait la partie avec Thierry Gilardi vient savourer dans notre vestiaire sous le regard du président de la Lazio, son ancien partenaire de la Juventus Dino Zoff, venu nous féliciter avec infiniment de classe. Guy permet à l'OL de disputer cette même année la finale de la Coupe de la Ligue contre Metz, injustement perdue aux tirs au but, mais les mois suivants seront plus difficiles.

Après un début de saison laborieux, l'équipe s'incline 7-0 à Auxerre le samedi 26 octobre 1996. Ce soir-là, je ne suis exceptionnellement pas au match car j'interviens à Avignon lors d'un séminaire de l'Institut français des experts-comptables et des commissaires aux comptes (IFEC). Le dîner de gala du séminaire est servi dans la cour d'honneur du palais des Papes au moment même du coup d'envoi du match à Auxerre. Je demande à une de mes collaboratrices de me tenir informé de l'évolution du score, et bientôt elle me glisse un premier papier : Auxerre 1 – OL 0. Tout s'emballe ensuite et à 4 ou 5-0, je demande qu'on ne me dise surtout plus rien. Un cauchemar. En rentrant dans la nuit à Lyon en voiture, j'essaye de joindre Guy pour comprendre ce qui s'est passé, mais il ne répond pas.

J'ai conscience que la relation est devenue compliquée avec une partie de l'effectif, mais je ne veux pas imaginer que cette très lourde défaite en découle directement. J'échange avec Bernard Lacombe, présent au match, qui me donne son analyse confortée par certaines déclarations d'après-match de Guy Roux, l'entraîneur d'Auxerre, dont l'expérience laisse transpirer dans des mots choisis que ses adversaires n'auraient pas mis tous les ingrédients pour espérer obtenir un résultat de qualité.

C'est la première situation sportive de crise que je traverse, avec un entraîneur contesté en interne et secoué par une lourde défaite au point de ne pas pouvoir échanger avec moi. Je décide alors de remplacer Guy et, après réflexion, je propose le poste à Bernard Lacombe, qui n'a jamais entraîné mais répond à beaucoup de critères. Je vis une situation de crise maximale. Dans un tel contexte, il est important de se donner des points d'appui et de se trouver des certitudes, quitte à innover et à surprendre. Bernard m'apparaît comme celui qui offre le plus d'assurance pour l'Olympique lyonnais. Il est opérationnel au pied levé, il connaît parfaitement le club et il a l'expérience d'une carrière de joueur qui lui permet d'analyser et d'interpréter la vie d'un vestiaire.

Dès sa prise de fonction, Bernard me surprend : il ne se contente pas de changer de costume, il le fait de manière radicale. Assisté de José Broissart, directeur historique du centre de formation du club, il réussit un excellent parcours, qualifie l'OL chaque saison pour la Coupe d'Europe, la première fois pour la Coupe de l'UEFA au terme d'un parcours épique en Coupe Intertoto durant l'été 1997, qui autour de Florent Laville, Christophe Delmotte, Patrice Carteron, Grégory Coupet ou Alain Caveglia fédère un groupe de belle valeur, mais ensuite à deux reprises pour le tour préliminaire de la Champions League. Dans le même temps, cet homme intuitif en diable tend la main à Jacques Santini en me demandant de lui confier le rôle de directeur technique, et il contribue au transfert le plus déterminant de l'histoire du club, avec la venue du Brésilien Sonny Anderson en 1999.

Le 3 février de cette même année, Bernard, ses joueurs et le club dans son ensemble nous vivons un drame avec la disparition de Luc Borrelli, mort dans un accident de la circulation. Arrivé quelques mois plus tôt de Caen comme numéro deux des gardiens derrière Grégory Coupet, Luc est un modèle de coéquipier, professionnel, travailleur et toujours rayonnant de bonne humeur. Le club est dévasté, ses partenaires anéantis. Trois jours plus tard, Alain Caveglia et ses partenaires pénètrent sur la pelouse de Gerland les larmes au bord des yeux pour jouer un match contre Nancy. Tous les gardiens du club, de Grégory Coupet au plus jeune de l'école de football, sont réunis en cercle pour rendre un dernier hommage à Luc.

C'est le premier drame que je subis en tant que président. Ce ne sera malheureusement pas le seul et c'est d'autant plus insupportable que le sport est d'abord synonyme de jeunesse et de joie. Le 6 avril 2005, Gerland est à nouveau plongé dans le noir en hommage à deux jeunes supporters, Jean-Yves et Matthias, décédés lors de leur retour de Nantes où ils s'étaient rendus afin d'encourager l'OL. Quatre longues minutes de silence que partagent sans hésiter les Parisiens venus encourager le PSG ce soir-là.

Le club connaîtra un autre événement insupportable avec le décès de Marc-Vivien Foé, victime d'un malaise cardiaque le 26 juin 2003 au cours d'un match disputé sur la pelouse de Gerland avec son équipe nationale du Cameroun. Quelques jours plus tard, une célébration religieuse sera organisée à la cathédrale Saint-Jean de Lyon. En tant que président, je pense n'avoir connu de pareilles émotions qu'en ces trois occasions d'intense recueillement.

En nommant Bernard entraîneur en 1997, je pense qu'il fera au mieux un intérim d'une ou deux saisons le temps de remettre l'équipe sur la bonne voie, mais il reste finalement plus de trois ans, après avoir positionné l'OL sur l'échiquier européen pour un bail de presque vingt-cinq ans. Usé psychologiquement par la dureté de ce métier et un investissement personnel immodéré, Bernard décide d'arrêter en 2000 et me suggère le nom de Jacques Santini pour lui succéder.

Je trouve l'idée de Bernard très bonne et elle deviendra même excellente au fil des mois. Je valide donc sa proposition immédiatement. Le club a grandi et le groupe professionnel comprend désormais davantage de joueurs expérimentés, venant de l'étranger pour certains. Notre entraîneur doit donc lui aussi avoir une expérience plus importante, et comme Jacques, qui est chez nous depuis trois ans en qualité de directeur technique, représente également une continuité dans la politique sportive du club, je lui fais confiance.

Le projet de l'OL arrive à maturité et l'ambition sportive se précise. Le titre de champion de France n'est pas un objectif annoncé à très court terme mais il n'est plus tabou. L'arrivée de Sonny Anderson positionne le club parmi les candidats à un trophée que l'OL et ses supporters attendent depuis 1973. Le challenge qui attend Jacques est élevé. L'équipe accentue son tropisme brésilien avec trois joueurs qui marqueront l'histoire du club : Edmilson, admirable technicien parfois fantasque qui deviendra champion du monde avec la Seleção ; Cláudio Caçapa, solide et fidèle défenseur qui reviendra au club comme entraîneur, et Juninho qui devra patienter quelque peu avant d'imposer son inestimable talent.

Assisté de Dominique Cuperly comme adjoint, Jacques Santini réussit deux très belles saisons, avec en 2001 une victoire en Coupe de la Ligue qui déclenche une liesse incroyable dans Lyon, puis en 2002 le premier titre de champion de France du club. L'engouement est extraordinaire et je ressens une émotion jusque-là inconnue. La joie qu'éprouvent les sportifs qui gagnent est incomparable, démultipliée par le collectif et amplifiée compte tenu du bonheur partagé avec les supporters.

Le parcours de Jacques ne sera toutefois pas sans nuages. Excellent entraîneur et parfait tacticien, il possède, comme Jean Tigana mais dans un style différent, une personnalité complexe, sujette à des prises de position hâtivement tranchées, y compris envers les joueurs, et ne tolère que des relations choisies avec des journalistes qu'il trie sur le volet. Je l'accompagne comme j'ai pu le faire avec Guy puis Bernard mais j'ai l'impression de marcher sur un fil. C'est à moi de m'adapter à l'entraîneur et d'être créatif pour essayer de lui apporter ce qui me semble indispensable.

On pense souvent que le mode de management d'un club professionnel – staff et joueurs – n'est pas comparable avec celui des cadres d'une entreprise. Il n'en est rien. Ici ou là, j'ai toujours veillé à optimiser la gestion humaine selon les mêmes principes et les mêmes recettes. C'est ainsi que tous les membres de l'équipe ont, un beau matin de la mi-mars 2002, reçu un courrier rédigé comme je l'aurais écrit pour les commerciaux ou managers de la Cegid. Alors que Lens avait jusque-là encore 6 points d'avance sur nous en championnat, je profite de sa défaite pour ancrer dans les têtes que nous pouvons encore aller au bout de nos rêves sous réserve que chacun mette tout en œuvre pour réussir. Je cherche à les pousser à se sublimer tout en renforçant la confiance que je place en chacun d'eux. Dans les derniers instants d'une compétition, la variable d'ajustement tient presque uniquement à ce respect mutuel, a fortiori de la part du président.

Cet impact psychologique a joué son rôle mais il aurait été insuffisant sans le travail de Jacques, le talent et l'implication des joueurs. C'était une simple pièce d'un puzzle complexe que je compléterai de trois autres lettres au fil des matchs. Quand je relis ces courriers, je revis avec beaucoup d'émotion cet accompagnement partagé que tout président ou directeur sportif se doit d'apporter à son groupe en totale complicité avec son entraîneur.

Au cours de ce sprint final, Jacques a pris des décisions fortes en laissant de côté des garçons comme Éric Deflandre et plus encore Edmilson pour les trois derniers matchs. Il a été très fort car il a fait des choix qui se sont avérés bons alors que ce n'était pas forcément ceux du café du commerce, donc pas les plus populaires.

Quatre matchs avant la fin du championnat, j'utilise un autre bras de levier en faisant appel à Daniel Costantini pour parfaire la préparation mentale de l'équipe. Daniel a remporté en 2001 un deuxième titre de champion du monde avec les fameux

« Barjots » de l'équipe de France de handball. Désormais consultant pour la télévision, il intervient régulièrement auprès des entreprises pour parler de management, de gestion des hommes et de performance collective. Je connais Daniel, qui est déjà intervenu dans le cadre de Cegid et que j'avais eu l'honneur de croiser bien des années plus tôt sur un terrain de handball, avec le souvenir des défaites cuisantes que son équipe du SMUC nous avaient infligées. C'est toujours délicat pour un entraîneur de voir un de ses confrères s'adresser à son groupe, mais Jacques accepte après avoir échangé avec Daniel, dont le rôle sera magique et complétera idéalement la science tactique de Jacques, le tout offrant le premier titre de champion de France au club.

Curieusement, malgré l'importance de l'événement, j'ai très peu de souvenirs de ce fameux 4 mai 2002. Tout a été si vite, depuis la fin d'après-midi jusqu'au bout de la nuit, des heures de joie, de partage, passées avec l'équipe au château de Pizay à cinquante kilomètres au nord de Lyon, où Jacques avait préféré se préparer bien à l'écart de la ville sous tension, jusqu'au coup de sifflet final de l'arbitre Gilles Veissière. Il y a eu du stress et de l'angoisse pendant le match bien sûr, mais recouverts à jamais par une vague d'émotion sans pareil.

12

La parole aux arbitres

Il est de bon ton de dire que, du haut de mon poste de président, j'ai régulièrement fait pression sur les arbitres, et de sous-entendre dans la foulée et de manière insidieuse – à défaut de l'affirmer clairement – que cette constante aurait influencé quelques scores, toujours en faveur de l'OL bien sûr. Cela tombe sous le sens : je m'inscris en faux face à de telles insinuations qui, un temps, m'ont blessé mais qui par la suite ne m'ont plus affecté. Néanmoins au fil des années je n'ai cessé de les trouver désobligeantes pour les arbitres ainsi suspectés au mieux de faiblesse, au pire de malhonnêteté.

Ce type d'affirmation est devenu systématique quand l'OL a enchaîné les succès et les titres au début des années 2000, avec une équipe extrêmement offensive qui obtenait plus de penaltys et de coups francs que la moyenne. Et comme Juninho avait l'habitude de transformer bon nombre de coups de pied arrêtés, les bonnes âmes se sont imaginé que notre club bénéficiait d'avantages, peut-être même de complaisance de la part du corps arbitral, et que j'étais par la force des choses le responsable de cette escroquerie à grande échelle.

Dans un milieu comme celui du football, il est impérieux de savoir encaisser les coups bas. Il m'est arrivé de réagir en retour. Mais je remarque que la sagesse finit toujours par reprendre ses droits. L'OL a bel et bien profité d'erreurs d'arbitrage mais il a aussi été lésé comme, bon an mal an, tous les autres clubs du championnat.

En revanche, il est exact que j'ai pu avoir des échanges parfois houleux avec des arbitres alors que, et je comprends que l'on puisse trouver ça paradoxal, j'ai toujours considéré qu'ils sont honnêtes de nature. Je peux les juger plus ou moins bons, plus ou moins inspirés, mais comme chacun d'entre nous sans doute, dirigeants, entraîneurs, joueurs, supporters, journalistes ou consultants qui faisons le quotidien du football, les arbitres exercent leur métier avec conscience, je crois indispensable de le répéter.

Dans certaines situations, notamment durant la première partie de ma présidence, j'ai eu des réactions pour le moins inappropriées, voire des excès de colère, face à des décisions injustes ou que je percevais comme telles, et je ne suis pas fier quand je me remémore ces instants. Le plus symbolique a très certainement eu pour cadre le stade de Valenciennes en 2010, à l'issue d'un match dirigé par Stéphane

Bré. Celui-ci était un de nos meilleurs arbitres, un homme que j'appréciais et avec lequel j'ai toujours eu des relations empreintes de respect, qui ont d'ailleurs perduré après l'arrêt de sa carrière.

J'appréhendais ce match à fort enjeu disputé dans le cadre de l'avant-dernière journée d'un championnat extrêmement serré. Marseille était assuré du titre mais trois équipes espéraient encore la deuxième place directement qualificative pour la Ligue des champions : Lille, Auxerre et l'OL. Cette saison-là, Valenciennes avait battu Marseille et Lille dans son stade Nungesser où il n'était donc pas facile de venir jouer, et je redoutais un mauvais résultat.

Nous avons disputé un match correct mais pas exceptionnel qui s'est terminé par un résultat nul (2-2) obtenu durant les arrêts de jeu grâce à un but contre son camp d'un défenseur de Valenciennes. L'enjeu du match, le résultat décevant, des décisions contestables de Stéphane Bré, j'ai alors explosé de manière incontrôlée, rattrapé par le souvenir d'un passé récent. À la fin de la saison précédente, en effet, Stéphane Bré avait commis une grosse erreur, qui m'a soudain et inconsciemment retraversé l'esprit. Ce jour-là, Stéphane Bré n'avait pas sifflé un penalty pour une faute pourtant évidente sur Ederson. Nous aurions pu mener 1-0 et nous avons finalement perdu le match 0-1, et le titre. Le lendemain, meurtri, Stéphane Bré avait reconnu son erreur avec beaucoup de dignité et des mots on ne peut plus révélateurs : « Cela fait vingt-quatre heures que j'y pense, je suis malheureux. » Mais c'était le lendemain et la mémoire n'attend pas pour sceller nos souvenirs. Je regrette mon emportement à l'issue du match contre Valenciennes, mais sur le moment je ne suis pas parvenu à mettre de côté cet épisode préalable. Exactement ce qu'un dirigeant ne doit pas faire. Ces interventions inappropriées, même fondées sur un sentiment d'injustice, n'ont pas lieu d'être, et si j'avais un conseil à donner à un jeune président, ce serait de s'interdire toutes réactions ou au moins de les limiter le plus possible, surtout quand elles sont au su et au vu de tous.

Je me suis souvent interrogé là-dessus. L'importance de l'enjeu est un élément de réponse, mais ce serait trop simple de se contenter de cette explication. Reparler de ces réactions n'est peut-être pas inutile. Deux évidences préalables : je n'en ai pas le monopole et elles sont très rares au regard des quelque deux mille matchs que j'ai vécus avec l'OL jusqu'à ce jour. Il me semble ensuite indispensable de connaître les priorités de la Direction technique de l'arbitrage qui, à mon avis, n'a pas su positionner nos arbitres comme ils devraient l'être, c'est-à-dire comme des acteurs à part entière de la compétition, auxquels il est possible de s'adresser et qui peuvent eux aussi avoir le droit de s'exprimer.

Installer les arbitres dans une tour d'ivoire a contribué à les déshumaniser. Peu ou pas de contact avec les autres domaines du football, des analyses techniques échangées en cercle fermé, des promotions et sanctions décidées sans la moindre explication : l'arbitrage français vit en vase clos. Ce repli sur soi est préjudiciable, anachronique et improductif.

Les joueurs et les entraîneurs interviennent en direct à la télévision à la mi-temps ou juste après le match pour satisfaire le diffuseur et surtout les téléspectateurs accros à l'instantanéité de l'information. Jamais les arbitres, sauf autorisation expresse et exceptionnelle de leur hiérarchie ! Il m'apparaît indispensable que la Direction technique de l'arbitrage révise ses principes. Il ne s'agit pas d'imposer aux arbitres des interventions systématiques avec mea culpa public après chaque action délicate, mais d'en faire des acteurs à part entière de notre football, avec lesquels échanger sans tabou. Ils pourraient même le cas échéant s'exprimer publiquement.

Ce sera un de mes grands regrets si, dans les années qui viennent, toutes les parties ne parviennent pas à faire évoluer l'organisation professionnelle de l'arbitrage afin de permettre des échanges sains entre tous les protagonistes du monde du football. Il y a eu parfois, de la part des uns et des autres, des attitudes inqualifiables, mais les arbitres n'en sont pas exempts. Raison supplémentaire pour faire évoluer la situation. Je prends peut-être conscience de tout cela sur le tard mais je suis convaincu aujourd'hui qu'il est indispensable d'agir.

J'ai le souvenir précis d'une situation compliquée que la Direction technique de l'arbitrage avait par contre parfaitement gérée en termes de communication. Cette situation devrait donc avoir valeur d'exemple. L'affaire remonte à la saison 2013-2014. Nous recevons Monaco à Gerland et perdons 2-3 mais les buts de Monaco sont tous les trois entachés d'un hors-jeu manifeste. À la fin du match, je demande à voir Freddy Fautrel, l'arbitre du soir, qui me fait aussitôt entrer dans son vestiaire. Il est très troublé et me dit d'emblée qu'il est désolé, mais qu'en effet les trois buts de Monaco ont bien été marqués après des situations nettes de hors-jeu non sifflées, et qu'il s'est donc trompé les trois fois. Quand vous êtes face à un arbitre qui reconnaît ses erreurs, ou plutôt qui assume avec énormément de classe celle de l'un de ses assesseurs, lui-même effondré sur sa chaise, votre malheur passe après sa détresse. Ne pas parler ni reconnaître sa faute aurait engendré de la crispation, alors que sa franchise a fait baisser la tension, tout en lui permettant d'évacuer en partie sa frustration. Contacté par téléphone et sans doute rassuré par cette atmosphère apaisée, le directeur technique de l'arbitrage Pascal Garibian a alors pris la décision qu'il fallait en autorisant Freddy Fautrel à s'exprimer en direct sur Canal+, ce qui a clos le débat. Exemplaire et efficace, ce cas est malheureusement resté unique ou presque.

Dans le cadre des compétitions de l'UEFA, la tradition veut qu'à la fin du match un représentant officiel du club aille saluer les arbitres dans leur vestiaire et leur offre quelques cadeaux commémoratifs (fanions, maillots, etc.). Cet usage n'a d'autre fonction que d'associer les arbitres à l'événement que représente un match européen et permet d'instaurer une relation décomplexée, donne l'occasion de discuter et d'échanger à propos de telle ou telle décision en toute sérénité. Comme dans la vie, le dialogue évite souvent l'affrontement.

J'ai fréquenté trois hommes en charge de la DTA, la Direction technique de l'arbitrage, Michel Vautrot, Marc Batta et aujourd'hui Pascal Garibian. Peut-être avais-je moins d'éléments pour porter un jugement à l'époque de Michel Vautrot au début des années 2000, il n'en demeure pas moins qu'elle était davantage marquée par le bon sens, l'échange et une certaine humilité. Le contexte a changé, le monde aussi, mais je ne suis pas certain que cela suffise à justifier ce changement. Avec Marc Batta, on est passé à quelque chose de moins souple, qui a évolué sous la conduite de Pascal Garibian, ancien excellent arbitre mais d'une rigueur très systématique. Peut-être qu'après plus de trente ans de présidence, je n'ai toujours pas la connaissance ni la légitimité pour porter un jugement, néanmoins je me permets d'affirmer que les questions liées à l'arbitrage en France demeurent sans réponse et que les relations entre tous les protagonistes de notre sport ne sont toujours pas apaisées.

Les heures que passe la Direction de l'arbitrage à analyser des points techniques avec les arbitres ne peuvent pas se faire au détriment d'une approche plus humaine, d'un travail sur l'expression orale, voire sur la gestuelle souvent inadaptée. Il y a d'un côté les arbitres qui donnent globalement satisfaction et de l'autre la Direction technique qui offre une image très corporatiste de la profession. Les commentaires d'éventuelles erreurs d'arbitrage sont considérés comme des attaques alors que ce ne sont que des faits, comme un penalty non sifflé ou une remise en jeu incorrecte. On est dans un rapport de force, la DTA campe trop souvent coûte que coûte sur ses positions, défend pied à pied ses prérogatives tout en me reprochant de défendre l'institution OL de semblable façon !

Je constate aujourd'hui que l'utilisation faite en France de l'assistance vidéo à l'arbitrage, en anglais *Video Assistant Referee* (VAR), ne vient pas toujours au secours de la réalité des faits, ce qui peut poser la question d'une certaine propension à protéger ou non les arbitres. L'absence d'accès aux échanges explicatifs et justificatifs entre les arbitres, au contraire de ce qui est pratiqué dans le rugby comme le choix délibéré d'images au détriment d'autres, enlève beaucoup de force à la vérité de ces images. Cette omerta liée à des directives internationales provoque les mêmes effets que le silence imposé aux arbitres français en réponse aux demandes d'explication d'après-match.

Michel Platini m'avait alerté sur le VAR, disant que nous regretterions rapidement son utilisation, exception faite de la *goal-line technology* qui permet de déterminer de façon certaine si un ballon a franchi entièrement ou non la ligne de but ; voire du contrôle des hors-jeu, même s'il me disait qu'un hors-jeu sifflé pour quelques millimètres pouvait créer une frustration supérieure à la satisfaction de l'équité recherchée. Les faits donnent raison à Michel, mais maintenant que le VAR est là, faisons en sorte qu'il soit utilisé correctement et avec pédagogie. Il est indispensable que les arbitres du VAR montrent toutes les images à l'arbitre central quand celui-ci va les visionner, pour qu'il reste bien LE décisionnaire sur la base de son seul jugement et en son âme et conscience. À ce sujet, je pense à cette décision récente prise au cours d'un match OL-Lille en février 2022, où les arbitres du VAR trouvèrent le moyen de ne pas envoyer les bonnes images à l'arbitre de champ, engendrant une erreur manifeste avec toutes les conséquences pour le club lésé !

Faire une sélection des images revient à se substituer à l'arbitre, ce qui est contraire au principe du VAR et aussitôt sujet à interprétations et polémiques. La pédagogie conforterait l'usage correct qui doit être fait du VAR, avec l'autorisation d'entendre les échanges entre arbitres. L'explication et la transparence sont une totale réussite dans l'utilisation de la vidéo par le rugby, même si j'ai conscience que le respect historique des décisions arbitrales est établi comme un principe dans le rugby, ce qui n'est pas forcément le cas dans le football. Tout ceci m'a conduit à soutenir Eric Borghini et Marc Keller dans leur réflexion de tout changer dans l'organisation de la DTA. L'arrivée d'Antony Gautier, le plus professionnel et le plus intelligent des arbitres, assisté de Stéphane Lannoy, Alain Sars et Stéphanie Frappart, est une évolution considérable et une chance historique pour tout le football français.

Je m'intéresse depuis longtemps au statut de l'arbitrage comme je me suis intéressé depuis mon arrivée à la présidence de l'OL à tout ce qui concourt à la professionnalisation du football, le statut des joueurs et des entraîneurs, le statut juridique des clubs ou l'écosystème dans lequel ils fonctionnent. J'ai vite perçu qu'il était indispensable de faire évoluer le statut des arbitres, qui n'était pas ce qu'il devait être en France, et je me suis attelé à le faire en liaison avec la Direction technique de l'arbitrage et les différents syndicats d'arbitres. Je pense qu'il y a encore du pain sur la planche et je suis heureux de faire partie du groupe de travail initié par Vincent Labrune afin d'avancer dans ce domaine.

Avec le football féminin, l'arbitrage est un des grands sujets qui m'ont incité à me rapprocher de la Fédération française de football dans la mesure où ceux-ci dépendent *in fine* de son autorité. Sollicité par Noël Le Graët j'ai rejoint l'institution en 2017.

Pendant les années 90 nous avions déjà eu un parcours commun à la Ligue qui gère exclusivement le football professionnel à la différence de la Fédération qui chapeaute tous les pratiquants jusqu'au plus anonymes et les équipes de France qui plus est. Au fil des années, nos points de vue avaient divergé à propos des orientations élitistes de cette Ligue ainsi que sur le nom du meilleur candidat appeler à la diriger. Noël défendait un mode de fonctionnement globalement plus égalitaire en termes de répartition de revenus, alors que je prenais un système qui se rapproche de ce que Vincent Labrune, aujourd'hui président de la Ligue, préconise, à savoir un développement basé essentiellement sur les très grands clubs et l'idée que, par ricochet, la croissance bénéficiera à tous. Nos chemins se sont donc séparés mais comme nous nous apprécions l'un l'autre, nous sommes restés en contact avant de nous retrouver à la Fédération.

Je savais en revenant travailler avec lui, qu'il était un homme politique de grande qualité, sachant obtenir ce qu'il veut en conciliant un exercice du pouvoir à tendance autocratique tout en faisant en sorte de valoriser ceux qui travaillent avec lui. En 2021, avant de poursuivre avec son équipe, j'ai émis le souhait qu'il y ait un certain nombre de changements, en particulier au niveau de la gouvernance de la Fédération, ce qui me paraissait indispensable au regard de son fonctionnement.

Les événements qui ont agité la Fédération française de football en 2022, avec un audit initié par le ministère des Sports, m'ont conduit à réfléchir sur les décisions à prendre et la position à adopter. En préambule, comme Noël me disait qu'il n'était pas l'auteur des SMS à caractère sexuel qui lui sont attribués, j'ai eu à cœur de lui faire confiance. Mais reproche lui était fait aussi d'une manière plus générale d'un manque de rigueur et de réaction à propos d'affaires de harcèlement toujours au sein de l'institution. Si c'est un domaine à propos duquel personne ne peut transiger, toute charge doit néanmoins s'inscrire dans le respect du droit français. J'ai connu une affaire de ce type à l'OL et nous avons dénoncé au procureur les faits qui nous étaient remontés avant de mettre en place un *process* avec le concours de l'association « Colosse aux pieds d'argile » pour que les victimes potentielles non seulement d'abus sexuel mais aussi de harcèlement puissent trouver l'écoute nécessaire pour dénoncer les faits. La Fédération française a, elle aussi, préconisé une démarche similaire mais sans doute celle-ci a-t-elle été mise en place trop tardivement. L'enquête administrative le précisera mais il convient d'être prudent et exemplaire, qui plus est au sein d'une Fédération de cette importante qui a un rôle de modèle à jouer vis-à-vis de toutes les autres.

Le dérapage de début janvier 2023, relatif à sa succession et à Zinédine Zidane, puis les nouvelles révélations qui ont suivi de la part de témoins extérieurs ainsi que le lynchage médiatique trop inhumain, m'ont déterminé à proposer à Noël de se mettre temporairement en retrait en attendant les conclusions de l'audit. Intervenir trop tardivement ne peut se comparer à condamner trop vite quelqu'un d'innocent. Je n'oublierai jamais que Noël a été pendant très longtemps un formidable dirigeant du football français et que c'est un ami mais il y a aussi cette actualité qui m'oppresse, et qui m'incite à me mobiliser pour défendre la Fédération avant toutes choses.

La Coupe du monde 2022 a permis de mettre en évidence que l'application des règles de l'International Board pouvait être différente avec par exemple pour conséquence des arrêts de jeu plus largement décomptés, une limitation du nombre d'expulsions, et concernant le VAR, une exploitation plus rapide des images. Tout ceci milite pour qu'en France, la Fédération et la Ligue décident d'un changement draconien de l'organisation de la DTA pour que l'harmonie entre les acteurs et les directeurs de jeu soit pleine et entière, chez les professionnels comme chez les amateurs.

Il y a un autre volet dans l'arbitrage qui a été trop longtemps délaissé, celui des femmes arbitres, et les performances de Stéphanie Frappart – première à avoir arbitré un match de Ligue 1 et de Coupe du monde – ne doivent pas masquer le manque de moyens qui explique pour beaucoup la situation actuelle. Celle-ci est carrément critique dans le cadre du football féminin, qui ne cesse de se professionnaliser pour tout le monde sauf peut-être pour les arbitres femmes, trop souvent abandonnées à leur sort. L'arrivée de Stéphanie Frappart à la DTA est une immense bouffée d'oxygène et une lueur d'espoir pour notre football féminin.

La situation commence à évoluer mais le chemin est encore très long. De la même manière, il apparaît indispensable de consacrer beaucoup plus de moyens à l'arbitrage du football amateur qui reste le parent pauvre, en particulier en matière de recrutement.

13

Le sommet ou le chaos

Premier entraîneur à avoir remporté le championnat de France avec l'OL, Jacques Santini est très respectueux et reconnaissant envers l'institution OL qui l'a remis en selle en 1997, mais il ne partage pas toutes les orientations prises par le club. Aussi, au terme de deux saisons, nous convenons Jacques et moi de ne pas renouveler son contrat d'entraîneur. Je lui confie à nouveau le rôle de directeur technique mais il quitte l'OL quelques semaines plus tard, nommé sélectionneur de l'équipe de France par le président de la Fédération française de football Claude Simonet.

Le choix de son successeur se porte sur Paul Le Guen, qui fait l'unanimité auprès de Bernard et de Jacques, associé au choix de son successeur. Paul a connu une première expérience d'entraîneur plutôt réussie à Rennes et il présente une expérience de joueur très intéressante sur le plan européen avec une victoire en Coupe des Coupes sous le maillot du PSG, une autre finale et plusieurs demi-finales. De mon côté, j'ai sur lui de bons échos venant de différentes personnalités qui l'ont bien connu comme Michel Denisot.

J'apprends à découvrir un homme d'une grande intégrité, qui correspond tout à fait au portrait qu'on m'en avait dressé. Professionnel irréprochable, fort caractère, respectueux et fidèle, Paul est très voire trop réservé, ce qui le privera peut-être d'une carrière encore plus accomplie.

L'objectif de sa première saison est de conserver le titre de champion de France, ce qu'aucune équipe n'a fait depuis dix ans. Dès le lendemain du titre remporté contre Lens, je me fixe cet objectif qui peut paraître présomptueux, mais qu'il me semble nécessaire d'affirmer haut et fort pour que chacun prenne conscience que la victoire d'un soir n'est pas une fin en soi. Invité sur le plateau de *Téléfoot* avec Jacques et quelques joueurs, les yeux fatigués par une nuit passée à célébrer notre succès sur les bords du Rhône, j'affirme ma volonté de récidiver, ce qui en fait sourire certains, mais le cap est fixé.

Paul en remportera trois de suite ! Dont deux avec son adjoint historique Yves Colleu qui le rejoint en 2003. Son équipe s'illustre également en Champions League avec deux quarts de finale, le second en connaissant une élimination très contestable sur le terrain du PSV Eindhoven alors que nous avions peut-être le meilleur milieu de terrain d'Europe avec

Mahamadou Diarra, Michael Essien et Juninho. À quelques secondes de la fin des prolongations, l'arbitre danois Kim Milton Nielsen ne siffle pas un penalty sur notre jeune attaquant brésilien Nilmar, que tous les observateurs qualifieront pourtant d'évident. La frustration est terrible, sous le double poids de la déception et de l'injustice.

Après ce quatrième titre consécutif de l'OL, je me pose la question du maintien ou non de l'entraîneur. D'une manière générale, le succès incite plutôt à la continuité. Je suis totalement satisfait de Paul, de ses résultats, de son management et de son adhésion à la stratégie du club, mais d'un autre côté je me demande s'il ne faut pas apporter un souffle nouveau au groupe de joueurs, qui reste assez stable, et j'ai le souvenir du bail qui s'est finalement avéré trop long avec Raymond Domenech. Le mieux est d'en parler à l'intéressé. Au sortir de mon entretien avec lui, je n'ai plus aucun doute : il pense qu'il faut procéder par cycles et que l'intérêt du club est de changer. Paul aura remporté six titres avec l'OL, le record pour un entraîneur dans l'histoire du club, trois championnats de France et trois Trophées des champions.

Dès lors l'idée est de trouver un entraîneur encore plus expérimenté pour poursuivre cette série de titres de champion de France et franchir un palier supplémentaire en Champions League. Je pense à Gérard Houllier qui a quitté Liverpool l'année précédente et que j'ai eu l'occasion de rencontrer à plusieurs reprises lors de grands événements internationaux. Depuis 1994 et la Coupe du monde aux États-Unis, j'ai suivi toutes les Coupes du monde et tous les Euros, avec l'avantage de profiter de places privilégiées eu égard à ma présence dans les instances comme la Ligue, l'ECA ou la FIFA. J'ai ainsi parfois croisé Gérard, que j'ai appris à connaître et apprécier, sans être très proche de lui. Je n'ignore évidemment rien du grave problème cardiaque qu'il a subi au cours d'un match à Liverpool, mais je ne sais pas s'il est autorisé ou non à reprendre sa carrière d'entraîneur.

Je le contacte et je suis presque surpris de l'enthousiasme avec lequel il accepte de discuter de ma proposition. Je découvre à quel point le football et le terrain peuvent manquer à quelqu'un. Gérard m'explique qu'il doit désormais suivre à vie un traitement médical mais qu'il peut et surtout qu'il veut entraîner. Le projet de l'OL lui plaît et il se met immédiatement au travail. Je constate alors l'envergure exceptionnelle de Gérard, un véritable expert dans son domaine, que ce soit sur le plan sportif ou du management, doté d'une incroyable faculté d'analyse et d'une intelligence rare. Gérard est indubitablement le plus grand entraîneur que j'ai connu. Je vais vivre deux années passionnantes et très enrichissantes à ses côtés et lier avec lui une amitié indéfectible.

Gérard apporte deux nouveaux titres de champion de France au club, remportés chaque fois avec plus de quinze points d'avance, et deux nouveaux Trophées des champions. Le club est à son apogée sur le plan national mais ne réussit toujours pas à franchir le cap des quarts de finale au niveau européen.

L'équipe débute pourtant la saison 2005-2006 de Champions League par un match remarquable, peut-être l'un des plus aboutis, à Gerland contre le Real Madrid avec un succès 3-0, avant de buter encore en quart de finale, éliminée à Milan après un but d'Inzaghi en toute fin de match. Cette élimination terrible s'est jouée à quelques minutes près et nous avions comme l'année précédente le profil type du parfait outsider. Dans les vestiaires, alors que je fais le tour des joueurs pour les réconforter, Juninho me lâchera comme un cri de désespoir : « Je ne la gagnerai jamais. » Gérard termine très fatigué cette deuxième saison et il m'exprime à plusieurs reprises son besoin de repos.

Le mercredi 26 mai, quelques jours avant le dernier match, il demande à me voir et m'explique qu'il faut lancer un nouveau cycle pour donner un élan supplémentaire au groupe mais qu'il n'a plus l'énergie pour ça. Il me prie d'accepter de le libérer de sa troisième année de contrat, ce que j'accepte bien évidemment. Je ne suis pas surpris compte tenu de ses récentes confidences, mais je me dois de regarder devant pour trouver un nouvel entraîneur. L'émotion est intense. Une page se tourne alors que Gérard est devenu un ami. Nous ne nous quitterons plus par la suite, passant nos vacances ensemble avec Isabelle sa femme qui l'a indéfectiblement soutenu dans les moments difficiles, en famille ou avec d'autres connaissances et toujours avec le même plaisir.

En 2016, après sa dernière expérience d'entraîneur à Aston Villa – écourtée par une sévère alerte cardiaque – et le début d'une collaboration avec le groupe Red Bulls, Gérard se rapproche à nouveau de l'Olympique lyonnais dans un rôle de conseiller sportif. Je retrouve avec plaisir sa science du football et de l'analyse, qu'il met au service de l'Academy – le centre de formation du club –, de l'équipe masculine et de l'équipe féminine en jouant un rôle important auprès de Reynald Pedros puis de Jean-Luc Vasseur dans les victoires en Ligue des champions en 2019 et 2020. Sa disparition le 14 décembre 2020 sera un choc terrible.

Gérard venait de subir une nouvelle opération très délicate et nous avions beaucoup échangé sur les risques inhérents à une telle intervention. Il était conscient que sa vie était une nouvelle fois en jeu, mais il conservait son habituelle sérénité et s'amusait presque de devoir nous rassurer. Le hasard a voulu que l'OL joue au Parc des Princes contre le PSG quelques jours après que Gérard était rentré chez lui. Je l'ai appelé avant le match. Il m'a expliqué qu'il avait besoin de se reposer mais il s'est surtout évertué à me calmer, connaissant parfaitement ma tendance à stresser avant chaque match. C'est la dernière fois qu'il m'a parlé. Le lendemain matin, il est décédé à son bureau après avoir lu la presse qui relatait la victoire de l'OL au Parc.

Gérard était plus qu'un ami, c'était mon frère qui m'accompagnait dans la vie et me guidait dans l'univers si particulier du football. Isabelle, son épouse, femme remarquable et intelligente, reste proche de nous sur un plan amical et perpétue cette relation exceptionnelle qui s'était tissée avec Gérard. Je ferai installer quelques mois plus tard une fresque à son effigie sur un mur du Groupama Stadium et donnerai son nom au terrain d'honneur du camp d'entraînement pour perpétuer sa mémoire et que chacun se rappelle ce que cette belle personne a apporté à l'OL.

Pour succéder à Gérard, mon souhait est de privilégier un entraîneur français. Je m'oriente vers Alain Perrin auquel j'avais déjà envisagé de confier le poste quelques années plus tôt. Alain vient de remporter la Coupe de France avec Sochaux, club avec lequel il est sous contrat. Je me rapproche de son président Jean-Claude Plessis, qui négocie âprement avant qu'Alain ne signe pour de bon un contrat de deux ans à l'OL en compagnie de son adjoint Christophe Galtier.

Cette saison 2007-2008 est celle de tous les paradoxes, avec un doublé Coupe de France et championnat que le club n'avait jamais réalisé et une cohabitation entre l'entraîneur et les joueurs très problématique dès la préparation estivale. Je vis une saison étonnante à manager en tant que président, avec en point d'orgue une demande inédite des plus fortes personnalités du vestiaire, à la veille du dernier match de la saison à Auxerre, décisif pour la conquête du titre : faire la causerie d'avant-match entre eux, sans l'entraîneur ! Je connais les différends qui existent mais je m'y oppose par principe. Les joueurs feront une deuxième réunion entre eux mais après la causerie de leur entraîneur.

Karim Benzema ouvre le score dès le coup d'envoi et Alain offre un septième titre consécutif au club. Chacun des trophées de cette incroyable série apporte une joie particulière que tous les acteurs concernés savourent en ayant conscience d'écrire, saison après saison, l'histoire d'un club qui désormais peut se targuer d'être l'un des plus performants de France. Sept titres consécutifs constituent un réel exploit à apprécier à sa juste valeur, que même le PSG de l'ère qatarie n'a pour l'instant pas réussi à réaliser. Peut-être en juin 2028 mais certainement pas avant !

Une semaine plus tard, c'est Sidney Govou qui nous permet de remporter la Coupe de France contre le PSG. Alain réalise le doublé mais les joueurs ont vécu en quasi-autonomie. Je sais depuis plusieurs semaines que ce sera compliqué de continuer avec lui aux commandes. Deux jours après cette victoire, l'équipe part à Dubaï disputer un match amical contre Al Shabab Al Arabi à l'occasion du cinquantième anniversaire du club émirati. Au cours de ce séjour d'une semaine, je joue au chat et à la souris avec l'entraîneur d'un côté, les joueurs de l'autre. Au fond de moi la décision de changer de coach est quasiment acquise, mais si je me remémore les problèmes relationnels qu'il a fallu régler ou du moins tempérer tout au long de la saison, je pense aussi au bilan sportif avec le premier doublé du club. Après avoir réfléchi jusqu'au dernier jour, j'annonce à Alain et Christophe la fin notre collaboration qui restera comme une erreur de casting.

J'échange alors beaucoup avec Jérôme Seydoux – entré au capital de l'OL en 1999 – sur l'évolution que nous pourrions donner au club et à son organisation technique. Notre idée est de nous rapprocher d'une structure anglo-saxonne avec un poste de manager général et non seulement d'entraîneur. Claude Puel est l'entraîneur de Lille dont le président est Michel Seydoux, un frère de Jérôme. Claude est depuis six ans à Lille où il a obtenu de bons résultats, étant même distingué meilleur entraîneur français. Claude est adoubé par Jérôme Seydoux et il nous semble avoir l'envergure pour le poste. Jérôme est assez heureux à l'idée d'obtenir l'accord de l'entraîneur du club de son frère. La négociation avec Michel Seydoux est difficile, mais le mercredi 18 juin 2008, Claude signe un contrat de quatre ans avec l'Olympique lyonnais.

Son entrée en matière est compliquée pour le club, ses joueurs et ses dirigeants. L'OL vient de remporter son septième titre consécutif de champion de France et Claude met en avant ce qui constituerait des faiblesses ou des insuffisances plutôt que les qualités du club et des joueurs. Cette communication maladroite crée de la méfiance au camp d'entraînement Tola-Vologe, méfiance qui prend vite de l'ampleur dans les rangs des supporters. Claude instaure également une grande distance avec les dirigeants historiques. Le problème n'est pas le bien-fondé ou non des options de Claude mais un manque de formes et d'égard pour le club et ce qui a été bâti avant son arrivée. Des erreurs psychologiques blessantes et lourdes de conséquence.

La première saison de Claude s'achève par la perte du titre de champion que l'OL monopolisait depuis sept ans. Tout bascule à quelques journées de la fin avec une défaite à Bordeaux, le futur champion, émaillée de décisions contestables de l'arbitre, Stéphane Bré.

Toutes les séries ont une fin. Claude ne peut en être tenu pour seul responsable, mais la défiance qu'il développe au fil des mois n'en deviendra que plus forte. Sa rigueur parfois maladive débouche sur une rupture, avec les dirigeants d'abord puis progressivement avec les supporters. Je suis confronté à une situation de crise énorme qui va s'accentuer mois après mois, avec des réactions massives de fans de plus en plus agressifs pour ne pas dire haineux.

La deuxième saison se termine également sans titre. L'aigreur générale est atténuée par un remarquable parcours en Ligue des champions avec la première demi-finale de l'histoire du club, mais la saison suivante sera apocalyptique. Le 25 septembre, nous recevons Saint-Étienne, leader du championnat, pour le centième derby de l'histoire alors que l'OL n'est que dix-septième. Claude et ses joueurs font un très bon match mais ils perdent 0-1. L'après-match est cauchemardesque. Claude Puel cristallise toutes les rancœurs et nos supporters refusent de quitter le stade. Le préfet de police envisage d'envoyer les forces de l'ordre pour évacuer la tribune. Je me rends compte que cette intervention va générer des affrontements, que je redoute. Instamment, je lui demande de me laisser le temps de parler aux supporters, ce que je fais, accompagné de trois collaborateurs.

Ce moment est incroyable et très éprouvant. Je dois afficher un vrai leadership et exprimer mon savoir-faire en termes de communication pour montrer que je n'ai pas peur de venir m'exprimer devant plusieurs milliers de supporters excédés. J'ai alors l'idée de railler Saint-Étienne en rappelant aux supporters que notre « adversaire » historique ne peut jouer la Champions League que sur PlayStation alors que l'OL part deux jours plus tard jouer la véritable compétition à Tel-Aviv.

Les supporters s'emparent de cette image plus ou moins drôle qui crée un contre-feu et permet de mettre un terme à cette tension. Jusqu'à la fin de la saison, je sers ensuite de tampon entre Claude, le groupe professionnel, les supporters, les dirigeants, voire la presse. Je m'efforce non pas de le préserver mais de le protéger pour que l'équipe conserve toutes ses chances de se qualifier pour la Champions League, ce qui sera fait à l'issue d'un dernier match très particulier pour Claude qui gagnera avec l'OL à Monaco, condamnant son club de cœur à descendre en Ligue 2.

Claude Puel a une force de caractère hors du commun qui peut éventuellement être la meilleure des choses dans un contexte moins passionnel, mais dans le football cette particularité fait que les histoires, avec lui, se terminent le plus souvent mal. Claude ne fait jamais de compromis, ni avec ses joueurs, ni avec sa direction, ni avec l'environnement. Il a d'indéniables qualités de tacticien mais son type de management n'est plus adapté au XXIe siècle. Il sera licencié pour un comportement individualiste et autoritaire, et une attitude d'insubordination volontaire et répétée. Notre collaboration se termine en juin 2011 devant les prud'hommes puis la cour d'appel et la Cour de cassation, qui confirment successivement la légitimité de la rupture de son contrat pour faute grave.

L'arrivée de Rémi Garde que je vois avec Jérôme Seydoux sonne comme une évidence. Revenu au club depuis quelques années, Rémi a pu enrichir son expérience en étant adjoint de Paul Le Guen puis de

Gérard Houllier, il a ensuite été directeur du centre de formation. Le club entre dans une période charnière avec le début des travaux du nouveau stade, qui va concentrer d'importants moyens financiers et réduire simultanément les investissements sportifs. Rémi me semble par conséquent l'entraîneur idéal pour cette période transitoire qui nécessite une parfaite connaissance du club, l'acceptation de sa stratégie et une confiance dans les joueurs formés à l'Academy.

Rémi passe trois saisons à la tête de l'équipe professionnelle avec des résultats certes inférieurs à ceux de ses prédécesseurs mais avec infiniment moins de moyens. Il tire chaque saison la quintessence de son effectif et réalise même de grandes performances en Coupe d'Europe et dans les Coupes nationales avec trois finales dont une victoire en Coupe de France en 2012.

Rémi joue un rôle essentiel pour le club en le maintenant au plus haut niveau sportif, tant en France qu'en Europe, pendant la construction du stade. Son parcours reste moins présent dans la mémoire collective, ce que je regrette car il a assuré une sorte de parenthèse dans l'évolution du club, dans un contexte difficile qui doit valoriser ses performances. Il est aussi quelqu'un qui a du mal à extérioriser, à s'épanouir du moins publiquement. Il ne cherche pas la notoriété et préfère toujours la réflexion professionnelle et son attachement au club à toute autre considération. Son passage est une réussite pour l'OL et je ne pense pas que beaucoup d'entraîneurs auraient réussi à relever ce défi.

Hubert Fournier qui succède à Rémi deviendra quelques années plus tard, un peu à mon initiative, un parfait directeur technique national, ce dont je me réjouis pour lui. Je pense d'ailleurs avec le recul et l'expérience de notre collaboration qu'il est dans un contexte idéal pour exprimer ses compétences. Quand je choisis Hubert avec Jérôme Seydoux en 2014, je retrouve l'homme que j'ai connu un peu plus de dix ans plus tôt comme joueur sous le maillot du club, professionnel, rigoureux, un peu trop consensuel et toujours gentleman. Il est encore un jeune entraîneur mais avec une expérience très réussie au légendaire Stade de Reims, qu'il a fait remonter en Ligue 1 après trente-trois ans d'absence.

Ses débuts sont chaotiques avec une élimination en barrages de l'Europa League qui va impacter le début de saison en championnat, marqué par trois défaites au cours des quatre premiers matchs. Difficile de ne pas s'interroger après un tel démarrage, mais les échanges avec Hubert me rassurent et surtout le groupe adhère. La suite sera quasiment parfaite. Hubert fait bientôt remonter l'OL sur le podium et lutte même jusqu'au bout de la saison avec le PSG, auquel il n'abandonne la première place qu'au soir de la trente-quatrième journée. L'équipe joue bien et retrouve la Ligue des champions après trois saisons d'absence.

La deuxième saison est beaucoup plus compliquée, autant en Europe qu'en France. Les résultats en phase de groupe de Ligue des champions sont les plus mauvais de l'histoire du club, et en Ligue 1 la qualité de jeu se délite rapidement et l'équipe perd cinq de ses six derniers matchs de l'année 2015. Je retrouve au sein du groupe des relents délétères de 1995, avec certains joueurs à forte personnalité qui mettent l'entraîneur et donc le club en difficulté, mais je n'ai pas le choix. Les résultats sportifs sont mauvais et je veux que l'entrée dans le stade, dont l'inauguration est programmée début janvier, s'appuie sur une dynamique forte. Je me résous donc à licencier Hubert et j'en suis malheureux pour lui mais je ne peux pas prendre le risque de prolonger cette expérience. Je prendrai plus tard l'initiative de trouver une opportunité de développement à la FFF où il deviendra un directeur technique national de qualité avec lequel je serai ravi de travailler à la modernisation de la Fédération.

14

OL Vallée

Le projet de grand stade inauguré le 9 janvier 2016 et connu aujourd'hui sous le nom de Groupama Stadium est sans comparaison le plus difficile que j'ai eu à mener de toute mon existence. La route fut longue, parsemée d'innombrables obstacles, et j'ai la prétention de dire aujourd'hui que si je ne l'avais pas porté et défendu minute après minute, il n'aurait jamais vu le jour. La complexité de ce type d'entreprise est telle que seule l'implication permanente de l'entrepreneur qui refuse l'échec, dompte les doutes et repousse les murs peut permettre d'en atteindre le but. Oui, je suis très fier de cette réalisation qui récompense au terme d'années d'efforts l'extraordinaire travail de dizaines de collaborateurs impliqués dans la conception et le suivi du projet et celui de milliers de personnes durant la construction.

Il m'est impossible de dater précisément le point de départ de cette aventure. On parle symboliquement de septembre 2006 quand l'État français a adopté le projet de loi sur l'introduction en Bourse des clubs sportifs professionnels sous réserve qu'ils aient un projet de construction d'équipements sportifs comme un stade. Cette décision permet en effet à l'Olympique lyonnais via sa holding OL Groupe de lever des fonds indispensables à la mise à feu de la fusée, mais l'idée première est plus ancienne encore.

À compter de 1997, l'Olympique lyonnais joue chaque saison en Coupe d'Europe, compétition qui me permet de faire la connaissance des présidents des plus grands clubs du continent, notamment à partir de 2000 quand l'équipe participe à la Champions League, le plus coté des challenges européens. Ces matchs sont toujours précédés d'un dîner officiel réunissant les principaux dirigeants des deux clubs ainsi que le délégué de l'UEFA en charge de l'organisation de la rencontre. Ces soirées sont l'occasion d'échanges amicaux dont je profite pour comprendre le fonctionnement des autres ligues mais surtout celui des clubs que nous rencontrons. Les rendez-vous ont toujours lieu dans des cadres prestigieux, et lorsque l'OL joue à domicile, nous les organisons chez Paul Bocuse qui tient à accueillir en personne nos invités.

À tel point qu'au fil des années, une des premières questions que nos adversaires nous poseront après chaque tirage au sort sera de savoir si ce dîner aura bien lieu chez le célèbre chef lyonnais, dont l'image internationale a toujours été extraordinaire. Paul était un homme incroyable, cuisinier hors pair bien sûr mais aussi chef d'entreprise précurseur dans le monde de la restauration, avec la création d'établissements dès les années 80 au Japon et à Disney World aux États-Unis. Il avait un sens inné de la communication et il a largement initié la médiatisation des grands chefs.

J'appréciais l'homme volontiers jovial et charmeur, mais d'une intransigeance extrême dans la gestion et la tenue de ses restaurants, ce qui explique sa réussite. Nous avons développé deux projets avec Paul : en 2002 la brasserie Argenson à côté du stade de Gerland puis en 2016 la création de la brasserie des Lumières au Groupama Stadium. Paul n'était pas spécialement attiré par le football mais c'était un entrepreneur avisé et un amoureux de sa ville, qu'il a toujours cherché à promouvoir et dont il est resté l'ambassadeur. Je ressens une immense fierté quand j'entends dire aujourd'hui que l'OL a rejoint Paul comme digne représentant de la ville de Lyon à l'étranger.

Ces dîners me donnent l'occasion de rencontrer Franz Beckenbauer alors président du Bayern, Massimo Moratti de l'Inter ou encore David Dein d'Arsenal, grand ami de Gérard Houllier. L'Olympique lyonnais est encore un adolescent face à ces clubs historiques très structurés et qui savent optimiser leurs recettes en fonction de leurs spécificités. Je me renseigne sur leurs ressources et leurs projets, leur structure juridique, je cherche des sources d'inspiration et je regarde ce qui peut être dupliqué ou non en France et à Lyon. J'écoute, j'apprends et profite de leur grande expérience.

En 2002, une nouvelle perspective s'ouvre à moi. Quatorze clubs européens parmi les plus puissants économiquement et sportivement ont créé deux ans plus tôt un groupe de travail, de réflexion et de lobbying baptisé G-14, avec pour ambition d'être l'interlocuteur privilégié des instances internationales (UEFA et FIFA). Une des conditions d'appartenance à l'organisation est d'avoir gagné une Coupe d'Europe. En 2002, le G-14 présidé par Florentino Perez, boss du Real Madrid, décide d'élargir la structure en accueillant quatre nouveaux clubs, Arsenal, Valence, le Bayer Leverkusen et l'Olympique lyonnais. L'OL n'a pas gagné de Coupe d'Europe mais les membres du G-14, qui me qualifient de rénovateur, s'intéressent à l'action que je mène au sein du football français et ils pensent que l'OL peut devenir un acteur du football européen. Je suis membre du conseil d'administration de la Ligue depuis 1993, mais à leurs yeux j'ai surtout été à l'initiative de la création du syndicat patronal de l'Union des clubs professionnels de football (UCPF), avec André Laurent (Saint-Étienne), Jean-Louis Piette (Racing Paris 1) et Max Bouyer (Nantes).

Le mardi 5 novembre 2002, j'assiste à ma première réunion du G-14 à l'hôtel Amigo de Bruxelles et je fais la connaissance d'autres dirigeants comme David Gill (Manchester United), Giacinto Facchetti

(Inter), Roberto Bettega (Juventus), Fernando Gomez (Porto), Joan Laporta (Barcelone), Ulli Hoeness (Bayern) ou Umberto Gandini (Milan AC). Pendant cinq ans, j'assisterai à toutes les réunions du groupe, où seront abordés des sujets comme l'assurance des internationaux, l'indemnité de mise à disposition de ces mêmes internationaux, les calendriers, etc. L'opposition entre le G-14, qui représente un nombre limité de clubs très sensibles à leurs intérêts, et les instances prend progressivement mauvaise tournure. Michel Platini, président de l'UEFA, milite pour la fermeture du G-14 et la création d'une structure élargie et plus représentative du football des clubs.

En 2007, je suis élu président du G-14 et je contribue avec Michel Platini à sa mise en sommeil et à la création de l'European Club Association (ECA), qui réunit aujourd'hui plus de deux cent trente clubs et dont je suis administrateur depuis le premier jour en 2008. De loin en loin, je poursuis ma quête d'informations et je m'intéresse surtout à deux sujets : l'introduction en Bourse des clubs, qui est autorisée dans de nombreux pays en Europe mais pas en France, et le mode de fonctionnement particulier d'Arsenal et du Bayern. En 2001, pour la première participation de l'OL à la Ligue des champions, nous avions rencontré ces deux clubs avec des matchs joués respectivement à Highbury et au Stade olympique de Munich. Ici comme là David Dein et Franz Beckenbauer m'expliquent que leurs enceintes chargées d'histoire appartiendront bientôt au passé. Les deux clubs finalisent des projets de stades ultra-modernes qui seront inaugurés quelques années plus tard sous les noms d'Emirates Stadium pour Arsenal et d'Allianz Arena pour le Bayern.

Ces deux réalisations sont similaires, avec une capacité accrue, un accueil de grande qualité, de nombreuses places d'hospitalité pour les entreprises, de la restauration et des boutiques de produits dérivés. Dans les bilans des clubs anglais et allemands, la ligne Match Day, qui correspond à ce que les supporters dépensent le jour des matchs (billets, boissons, souvenirs), a toujours été beaucoup plus élevée qu'en France, mais avec ces stades de nouvelle génération, ces recettes vont mécaniquement augmenter de façon très nette. Je suis convaincu de l'intérêt du concept développé par Arsenal et le Bayern. Les trois postes importants de recettes de l'OL en dehors des transferts sont les droits TV, le sponsoring et la billetterie, qui correspond au Match Day des clubs étrangers.

Les droits TV se négocient collectivement au niveau de la Ligue, le sponsoring dépend avant tout de l'exposition et de la notoriété des clubs, enfin la ligne Billetterie est liée à la qualité du stade, qui dépend de la stratégie suivie, l'idéal étant de posséder son enceinte, à l'instar des clubs anglais. Dès lors, j'étudie différentes pistes avec la ville de Lyon pour moderniser le stade de Gerland dont la collectivité est propriétaire, par exemple la réalisation de nouvelles loges dans la tribune Jean-Bouin, mais rien de comparable avec ce qu'entreprennent les plus grands clubs. Je fais étudier un projet plus ambitieux d'agrandissement de Gerland qui nécessite la destruction tour à tour des deux tribunes latérales, mais le projet est abandonné car cette réalisation pénaliserait sportivement et financièrement le club pendant plusieurs saisons.

En parallèle, je cherche à renforcer les fonds propres du club pour poursuivre notre politique d'investissements. Pathé a apporté 17 millions d'euros au capital en 1999 mais j'envisage cette fois de faire appel aux marchés financiers pour accélérer notre développement. En 2002, la législation française ne permettant pas aux clubs sportifs d'entrer en Bourse, je propose d'introduire le holding qui contrôle l'Olympique lyonnais mais l'Autorité des marchés financiers s'y oppose, expliquant que ce serait contraire à la loi sur le sport. Je décide alors avec cinq ou six autres clubs français (Paris, Marseille, Lens, Bordeaux, etc.) de saisir Bruxelles pour entrave injustifiée à la libre circulation des capitaux, en me référant au traité européen. Nous prenons pour avocat maître Jean-Louis Dupont, spécialiste du droit européen qui s'est rendu célèbre au milieu des années 90 en obtenant la reconnaissance de l'« arrêt Bosman », une décision de la Cour européenne imposant la libre circulation des footballeurs entre États membres comme pour tout autre travailleur.

La démarche est pesante, elle est aussi délicate car nous nous attaquons à notre propre État, elle sera longue mais l'objectif sera atteint. Le 14 décembre 2005, la Commission européenne signifie à l'État français qu'il doit modifier sa législation pour respecter la libre circulation des capitaux entre les États membres. Le 21 septembre 2006, le Conseil des ministres approuve le projet de loi présenté par le ministre des Sports Jean-François Lamour autorisant l'accès aux marchés financiers pour les clubs sportifs ayant un projet de construction d'équipements sportifs, comme un stade. Le 9 février 2007, OL Groupe est introduit en Bourse sur le marché Eurolist d'Euronext Paris et lève 96 millions d'euros. Le projet de stade est lancé. Mais une autre course d'obstacles commence.

Depuis 2005, nous réfléchissons à l'implantation géographique du site avec un projet qui s'est enrichi. L'objectif est d'édifier un nouveau lieu de vie, avec autour du stade le camp d'entraînement, les équipements professionnels pour les équipes féminines et masculines de l'OL, un hôtel, des immeubles de bureaux, un établissement médical, un centre de loisirs… Nous avons étudié plusieurs possibilités en concertation avec les collectivités publiques à partir de cinq critères : la superficie, la proximité de l'agglomération, les moyens d'accès (routes et transports en commun), la prise en compte du développement durable pour réduire l'impact environnemental et social, et enfin les exigences en matière d'urbanisme.

Scénario typique de la France : les réactions du pouvoir administratif sont fluctuantes selon que l'on imagine un emplacement sur des terres socialistes ou de centre droit qui rassemblent une majorité d'élus lyonnais, et que l'on irrite plus ou moins telle ou telle sensibilité. En octobre 2008, le choix est enfin entériné : le stade sera construit sur le site dit du Montout à Décines.

Les calendriers prévisionnels de réalisation de tels projets sont toujours établis avec un excès d'optimisme, ne serait-ce que pour en souligner l'urgence et l'importance. Rares sont donc ceux parfaitement respectés. Dans notre cas, la dérive va atteindre des sommets. Nous mettons tout en œuvre pour que le permis de construire soit délivré début 2008 et le stade opérationnel pour la saison 2010-2011. La réalité sera tout autre. Nous ne pouvons déposer la demande de permis de construire que le 18 janvier 2011, avec un dossier de plus de mille deux cents pages, sans compter les autres pièces réglementaires déposées auprès d'autres services instructeurs ! L'avis favorable au permis de construire est délivré le 7 décembre 2011 après des années d'oppositions et plus de cent recours devant les tribunaux, que nous gagnerons non sans avoir gaspillé plusieurs années.

Dès 2007, des opposants au projet se signalent et se fédèrent au sein d'une association baptisée Carton rouge, soutenue et défendue devant les tribunaux par Étienne Tête, élu écologiste qui s'est consacré à la politique au début des années 90 après avoir exercé comme gynécologue-obstétricien et avant de devenir avocat en 2011. Lui et les siens vont user de tous les recours pour s'opposer au projet, multipliant les contentieux jusqu'à abuser des possibilités de notre système démocratique.

J'ai complètement sous-estimé le poids des problèmes administratifs et juridiques auxquels nous sommes confrontés, et si j'en avais eu conscience, probablement aurais-je hésité avant de m'engager. Certains soirs je suis presque déprimé, non par la seule multiplication des oppositions mais à cause des décisions des uns ou des autres et des jeux malsains dans mon dos. Certains vont jusqu'à m'intimider, à remettre en cause la légitimité de mes appuis.

Tant que le débat reste sur le plan national, avec le président de la République, le Premier ministre ou le ministre des Sports, les choses sont difficiles, pas toujours très transparentes, mais je peux identifier les arguments qu'il faut pour convaincre mes interlocuteurs. En revanche, une fois que l'on ferraille sur le terrain local, je me heurte à un écheveau de réticences et de contrariétés difficile à appréhender car les interlocuteurs sont innombrables, et souvent cachés derrière des recours abscons. Une bonne centaine de procédures juridiques font perdre plusieurs années et engendrent qui plus est un coût financier très important pour le club, plusieurs millions d'euros en frais d'avocat et des dizaines de millions en manque à gagner lié au retard de la mise en service du stade. *A contrario*, ceux qui déposent des recours dans le seul but de bloquer le projet ne s'exposent à aucun risque. Il faudrait pouvoir sanctionner ceux qui sont, de toute évidence, guidés uniquement par une volonté d'obstruction et qui d'ailleurs s'enorgueilliront le jour de l'inauguration d'avoir repoussé la mise en exploitation du stade !

Nous avons confié la conception du stade au cabinet d'architecture américain Populous, référent dans les installations sportives et qui a notamment signé le stade olympique de Sydney, l'Emirates Stadium d'Arsenal, le stade de Wembley et celui de Tottenham à Londres, ainsi que de nombreux complexes de base-ball et de football américain aux États-Unis.

Le Groupama Stadium, troisième plus grande enceinte sportive de France avec 59 186 places dont 6 000 pour les entreprises réparties dans 105 loges et 8 000 mètres carrés de salons, recevra plusieurs distinctions : meilleur projet d'architecture et de design aux British Expertise International Awards 2018, Trophée du respect de l'environnement Euro 2016 et prix FDJ Ensemble pour le handicap 2016 qui soulignera la façon dont le club a travaillé dès l'élaboration du projet avec l'association de supporters Handi Sup OL pour l'accès aux 350 places destinées aux personnes à mobilité réduite.

Cette épopée hors norme révolutionne ma manière de voir les choses et renforce ma détermination à réaliser mes projets d'entreprise. Même si certains moments sont difficiles à supporter, je ne perds jamais espoir. Chaque fois que mon équipe franchit une étape, je me dis qu'il sera encore plus difficile aux opposants de faire capoter ce projet, de nous faire reculer, et à chaque difficulté nouvelle, j'oppose une conviction totale et farouche en notre réussite, et surtout je positive.

Parallèlement aux batailles administratives et juridiques, je mène un autre combat, financier. L'importance du projet nécessite de trouver un accord avec un pool de banques, mais en France, la plupart d'entre elles définissent leur aptitude à financer un projet en se référant à des critères qui ne prennent en compte que ce qui existe, donc le passé. Les banquiers, qui d'une manière générale ont horreur du vide, analysent un nouveau dossier avec comme réflexe de le comparer à des réalisations antérieures plus ou moins similaires. Ce projet inédit de stade privé en France laisse d'abord les banquiers dans l'expectative avec une propension à se cacher les uns derrière les autres pour ne pas prendre de risque le premier, et pour conséquence de ne pas aller là où vous les attendez pour réaliser votre rêve, créer des emplois et dynamiser une économie forte.

Le financement, je vais finalement le trouver grâce à une intense opération de lobbying et avec l'absolue priorité de me démarquer de toute contrainte politique. Un an et demi après l'inauguration du stade, en septembre 2017, la Cour des comptes publiera un document analysant les soutiens à l'Euro de football organisé en France un an plus tôt. Un diagnostic qui plaçait le stade cent pour cent privé construit par l'Olympique lyonnais largement en tête de liste, loin devant les formules partenariat public-privé (PPP) retenues pour les stades de Bordeaux, Lille, Nice et Marseille, qui auront nécessité un investissement public de près d'un milliard cinq cents millions d'euros. Ce satisfecit reconnaissait le bien-fondé de notre stratégie.

Je n'ai jamais rencontré de telles difficultés à convaincre les banquiers dans les différents projets de développement que j'ai menés dans ma vie, avec Cegid ou avec d'autres structures, mais le football est plein de paradoxes. Notre financement a été compliqué à mettre en place et les banquiers marchaient sur des œufs alors que le modèle économique du club est reconnu et que tout le monde souligne son efficacité. D'ailleurs, quand des actionnaires importants, Pathé et IDG, veulent sortir du capital en 2022, nous recevons plusieurs propositions avec des valorisations de l'entreprise incroyables.

En 2021, je sollicite de nouveau les banquiers pour financer la construction d'une Arena – un investissement de 140 millions d'euros –, dont la capacité maximale de 16 000 places est prévue pour accueillir des concerts et les matchs du club de basket-ball de l'ASVEL en Euroligue.

La genèse du projet remonte indirectement à 2008 quand je fais la connaissance de Tony Parker à l'occasion de l'Euro coorganisé cette année-là par la Suisse et l'Autriche. J'assiste à beaucoup de matchs comme j'ai pris l'habitude de le faire pour les grandes compétitions internationales, toujours à titre personnel. Je suis notamment les matchs de l'équipe de France avec Tony, venu encourager son ami Thierry Henry. Nous nouons une relation amicale, qui deviendra professionnelle quelques années plus tard quand Tony sera en 2014 actionnaire majoritaire et président de l'ASVEL, club historique du basket français basé à Villeurbanne, à côté de Lyon.

L'ambition légitime de Tony est que l'ASVEL dispute l'EuroLigue, compétition semi-fermée qui réunit les meilleurs clubs européens de basket mais leur impose de disposer d'une salle de plus de 10 000 places et nécessite des moyens financiers supérieurs à ceux dont peut se prévaloir l'ASVEL.

J'envisage alors d'élargir le business model de l'OL avec d'un côté la construction d'une salle multifonction permettant à l'ASVEL de répondre au cahier des charges de l'EuroLigue et à l'OL de développer tout au long de l'année l'activité de concerts limitée à quelques semaines seulement chaque été au Groupama Stadium, et de l'autre une entrée de l'OL au capital de l'ASVEL pour donner au club de Tony des moyens à la hauteur de ses ambitions.

En juin 2019, l'OL apporte 3,4 millions d'euros à l'ASVEL dans le cadre d'une augmentation de capital pour une participation de 25 % et s'engage sur un partenariat annuel de plus de deux millions d'euros. Nous lançons le projet de salle, l'ASVEL remporte trois titres de champion de France en 2019, 2021 et 2022, et devient membre permanent de l'EuroLigue pour au moins dix ans.

Le 3 octobre 2019, Tony me fait le grand honneur de me demander de lui remettre la distinction d'officier de l'ordre national du Mérite dans les salons de l'hôtel de ville de Lyon. J'ai un immense respect et une immense admiration pour sa carrière de joueur, mais je suis heureux que cette distinction souligne aussi son envie d'entreprendre déjà manifestée quand il était joueur et désormais pleinement exprimée.

En juillet 2020, Tony devient administrateur de l'OL et nous envisageons même alors qu'il puisse me succéder le jour où je me retirerai, sous réserve de trouver l'investisseur qui lui permette de prendre la présidence grâce à une participation majoritaire dans l'Olympique lyonnais ce qu'il ne réussit pas à concrétiser, ouvrant ainsi indirectement la voie à John Textor.

La réussite du Groupama Stadium apporte du crédit à ce projet d'Arena et les difficultés sont par conséquent moindres. L'expérience de cinq années d'exploitation du stade de football nous permet en effet de mieux maîtriser l'économie de ce type de structures (billetterie, buvettes et restauration, merchandising) et de sécuriser encore plus l'investissement dans l'Arena. Parallèlement, les équipes du club trouvent un accord avec Live Nation, une des plus grosses entreprises mondiales d'organisation de spectacles, qui s'engage à faire plusieurs dizaines de concerts par an dans cette nouvelle infrastructure. Les banquiers adhèrent.

Sur le plan administratif aussi, le projet de l'Arena progresse plus vite que celui du stade. Aucun opposant ne se signale, ni aucun recours. La réussite du Groupama Stadium explique sans doute ce consensus, mais j'imagine que les changements enregistrés lors des dernières élections locales permettent d'éviter toute opposition avec un maire de Lyon plutôt dans une ligne écologiste et un président de la métropole qui ajoute à cette sensibilité une faculté à faire collaborer le privé et le public. Nous nous retrouvons dans une relation gagnant-gagnant où chacun fait les efforts indispensables afin de rendre notre projet encore plus conforme aux règles environnementales. La convergence de ces différents facteurs, administratifs, financiers et politiques, permettra de prévoir la mise en service de l'Arena fin 2023 alors que nous avons initié ce projet début 2020, juste avant l'épidémie du Covid.

La réalisation de l'Arena finalise le projet global consistant à créer un lieu de vie autour du stade, sous le nom d'OL Vallée, avec une volonté écologique matérialisée dans les faits. Depuis l'inauguration du Groupama Stadium en 2016, nos équipes ont diminué la consommation électrique de 5 % chaque année et nous développons désormais un plan qui vise à l'autosuffisance énergétique grâce à deux éléments : l'installation de panneaux photovoltaïques sur les ombrières des 38 000 mètres carrés des parkings extérieurs et l'achat de batteries pour stocker l'énergie ainsi produite.

Depuis 2016, OL Vallée s'est enrichie du camp d'entraînement de nos équipes professionnelles ouvert fin 2016 ; du musée de l'OL et de l'hôtel Kopster en 2018 ; du pôle médical du Grand Large en 2019 ; de deux immeubles de bureaux, Les Loges en 2019 et Le Stadium en 2023 ; du laboratoire Unilians en 2019 ; du centre de loisirs en 2021 et du théâtre À l'ouest en 2022. En 2023, l'All In Tennis Academy de Jo-Wilfried Tsonga puis la LDLC Arena compléteront ce formidable complexe.

J'ai un attachement particulier pour le musée de l'OL, qui reflète parfaitement ce qu'est le club avec son côté familial et sa modernité. La famille OL, ce sont des centaines de joueuses et joueurs, quelques dizaines d'entraîneurs dont une femme, huit présidents, l'Academy et bien sûr les supporters. Tous sont présents dans le musée, celle ou celui qui n'a porté le maillot professionnel qu'une poignée de secondes comme ceux qui ont joué des centaines de matchs, car ils ont toutes et tous écrit l'histoire du club.

Le digital offre à la scénographie du musée une dimension immersive unique, par exemple en plongeant les visiteurs dans le vestiaire de l'OL à la mi-temps d'un match face aux hologrammes de douze légendes du club qui remobilisent leurs partenaires, ou en retrouvant joueuses et joueurs en action sous le même maillot. L'Olympique lyonnais a toujours eu à cœur de démontrer qu'un club de football devait avoir un impact positif sur son territoire. Dans cet ordre d'idée, je tire une légitime fierté des trois mille emplois générés par le développement d'OL Vallée et par l'engagement extraordinaire d'OL Fondation en faveur de l'emploi et de l'insertion avec en particulier l'organisation de nombreux job datings avec Pôle emploi et Nes&Cité, un acteur de médiation essentiel dans la région. Créé en 2007, OL Fondation a été successivement présidé par Sonny Anderson et Bernard Lacombe avant d'être aujourd'hui coprésidé par Camille Abily, entraîneure adjointe de l'équipe professionnelle féminine, et Thierry Frémaux, délégué général du Festival de Cannes. Thierry est un ami, fan absolu de l'OL avec qui je partage un profond attachement à notre ville de Lyon, qu'il contribue à faire rayonner en organisant, entre autres, le Festival Lumière depuis 2009. OL Fondation porte des engagements sociaux et soutient des structures et leurs projets d'intérêt général pour apporter de l'espoir et du réconfort aux enfants malades, favoriser l'égalité des chances et agir face aux enjeux environnementaux. Le football a la vertu extraordinaire de pouvoir transfigurer un visage, d'offrir un bonheur simple mais profond et sincère. C'est un de nos devoirs de dirigeants d'en avoir conscience et d'agir. Je vis toujours avec une émotion intense ces rencontres, notamment avec Jimmy, un jeune Breton avec lequel j'ai tissé des relations amicales et dont chaque venue à Lyon témoigne de ce que le football a de fort quand il s'engage.

Ce projet d'OL Vallée qui paraissait utopique ou pharaonique est aujourd'hui une réalité et j'en suis fier, à titre personnel bien sûr car c'est une immense satisfaction de voir se concrétiser ce qu'on a imaginé, mais aussi pour toutes les équipes de l'OL qui ont œuvré à cette réalisation pendant des années, autour de Gilbert Giorgi, un des dirigeants historiques du club, de Xavier Pierrot, directeur général adjoint du club en charge du Groupama Stadium et de l'Arena mais aussi de Patrick Iliou, directeur général adjoint et secrétaire général du groupe.

Le 9 janvier 2016 restera un jour historique pour moi, avec une émotion indescriptible à l'instant de couper le ruban inaugural du Groupama Stadium, concrétisant des années de réflexion, d'acharnement et de management pour arriver au but. Depuis, chaque matin quand j'arrive au stade pour travailler, j'ai le même plaisir à regarder ce vaisseau de pierre et tout ce qui a poussé autour, et je ne peux pas m'empêcher de me dire : « On l'a fait ! »

L'impact de cette réalisation dépasse largement le cadre et l'intérêt de l'Olympique lyonnais. Le projet a été incroyablement difficile à mener, mais cette expérience unique et enrichissante pour ceux qui ont collaboré à sa réalisation favorise le développement de l'agglomération lyonnaise, avec un ensemble structurant qui valorise l'est de la ville et la commune de Décines en particulier, et permet aux Lyonnais d'assister en plus des matchs de l'Olympique lyonnais aux plus grands événements sportifs (les équipes de France de football et de rugby, l'Euro 2016, la Coupe du monde féminine 2019, des finales européennes de football et de rugby, un match de hockey sur glace) et musicaux avec des concerts des plus grandes stars internationales (Rihanna, Coldplay, Céline Dion, Ed Sheeran, Phil Collins, Soprano, Indochine, Rammstein ou les Rolling Stones).

J'ai toujours eu pour habitude, tout au long de ma vie, de regarder devant moi. Néanmoins, je le concède, se retourner de temps en temps fait du bien. Voir ce que l'on a réalisé conforte, rassure et enthousiasme à la fois. Cela donne l'envie et le courage de continuer d'entreprendre.

15

Le pas de deux

En 2016, l'Olympique lyonnais va disputer son premier match au Groupama Stadium avec un nouvel entraîneur, Bruno Genesio, un enfant du club, qui succède à Hubert Fournier.

Le choix de Bruno se fait avec l'assentiment de Gérard Houllier et de Vincent Ponsot en concertation avec Jérôme Seydoux. Ce qui suivra, c'est une incompréhension que je n'accepte pas, un peu comme un délit de sale gueule intenté par les supporters parmi les plus fidèles du club mais aussi par certains observateurs qui vont se complaire à ironiser sur tout. Je regrette l'accueil réservé à Bruno dès sa nomination, car si ce dernier ne peut pas se prévaloir d'une carte de visite rutilante d'entraîneur, il est formé pour en devenir un de grande qualité. Bruno est revenu au club une dizaine d'années plus tôt pour occuper un poste de recruteur, puis il s'est enrichi en collaborant avec Gérard Houllier,

Claude Puel, Hubert Fournier et surtout Rémi Garde, son ami dont il fut le premier adjoint. En faisant appel à lui, je n'ai aucun doute sur ses compétences et suis heureux de confier à nouveau ce poste à un enfant du club.

La tâche qui l'attend est immense à la tête d'une équipe seulement neuvième du classement, mais il réalise un parcours de grande qualité avec de brillants débuts. Le match inaugural du Groupama Stadium est à son image : une victoire contre Troyes, de l'efficacité, avec quatre buts, et la réussite de jeunes joueurs formés au club. En huit matchs, son équipe retrouve le podium de la Ligue 1 avant de terminer la saison à la deuxième place. Les résultats sont là, l'équipe développe un jeu offensif, et pourtant les critiques continuent de s'abattre sur Bruno malgré la qualification directe en Champions League.

Il y a dans la vie des histoires qu'on ne peut pas expliquer, des aventures irrationnelles, celle de Bruno en est l'illustration parfaite. Je regrette cette situation, que je trouve injuste car, au-delà de ses compétences professionnelles qui m'apparaissent comme une évidence, Bruno est un homme droit, fidèle, avec des qualités humaines certaines et un mental hors du commun. Il répond aux objectifs du club, qu'il qualifie trois fois sur quatre pour la Ligue des champions, sans avoir les meilleurs effectifs de l'Histoire. Je m'investis énormément à ses côtés pour le protéger et notre relation constructive et positive contribue à résister à l'adversité ambiante.

Le soir du 15 mars 2018, après une élimination inattendue et désespérante contre le CSKA Moscou en huitième de finale retour d'Europa League, je m'implique plus que jamais pour soutenir Bruno. Je sors d'une opération orthopédique et ne suis exceptionnellement pas au stade. Dès la fin du match, j'échange longtemps au téléphone avec lui, qui est très secoué par ce résultat avec la perspective d'un match décisif trois jours plus tard à Marseille, troisième avec cinq points d'avance sur nous. Le lendemain, je viens avec mes béquilles au camp d'entraînement. Je vois Bruno et les joueurs. L'équipe gagne à Marseille, enchaîne huit victoires en neuf matchs et termine troisième. Bruno a retrouvé son mental de vainqueur qui lui a permis d'atteindre les demi-finales de l'Europa League en 2017 après des exploits contre la Roma et dans le bouillant stade de Besiktas, avec une association de joueurs expérimentés venus de l'extérieur comme Mathieu Valbuena, Christophe Jallet ou Jérémy Morel, et d'autres formés au club comme Anthony Lopes, Mouctar Diakhaby, Corentin Tolisso, Alexandre Lacazette ou le capitaine Maxime Gonalons. Ils se sont imposés sur le terrain de Manchester City pour une des rares défaites de l'équipe de Pep Guardiola à domicile en Champions League. Preuve qu'il est difficile d'inverser certaines tendances. Bruno décide de lui-même de quitter le club à la fin de son contrat en juin 2019, estimant que son départ ramènera de la sérénité et servira les intérêts de l'OL, ce qu'il n'aura cessé de faire tout au long de son exercice au sein du club. L'avenir permettra à Bruno de montrer toutes ses compétences en Chine puis à Rennes. Il quitte l'OL très dignement sans avoir eu tous les soutiens qu'il aurait mérités. J'ai apprécié l'homme, que j'ai défendu en vain pour qu'il soit reconnu et qui fait assurément partie des bons serviteurs de l'OL et des hommes de qualité.

L'intersaison est marquée par le retour au club de Juninho comme directeur sportif. Sans faire offense à Fleury Di Nallo, Serge Chiesa, Bernard Lacombe ou plus récemment Sonny Anderson, qui ont tous joué un rôle majeur dans l'histoire du club, le plus emblématique reste sans aucun doute Juninho, l'un des trois joueurs à avoir remporté avec l'OL les sept titres consécutifs de champion de France, avec Grégory Coupet et Sidney Govou. Sa technique, sa science du jeu et son emprise sur l'équipe ont marqué les années 2000, son efficacité sur coup franc l'histoire du football, avec l'incroyable total de quarante-quatre buts dont certains entrés dans l'histoire, en Champions League face à Oliver Kahn du Bayern en 2003 ou Iker Casillas du Real en 2005, en championnat contre Jérémy Janot dans un derby en 2004 ou Stéphane Porato avec une frappe de plus de quarante mètres à Ajaccio en 2006.

Il y a plus d'un an que j'essaye de convaincre Juni de revenir. Avec Vincent Ponsot, nous sommes allés le voir le 30 avril 2019 à Los Angeles, où il s'était installé avec Renata sa femme pour être près de leur fille aînée et aussi quitter le Brésil où il n'est plus reconnu à sa juste valeur après ses prises de position sportives, mais aussi sociales et politiques. Nous lui avons présenté le projet et l'organisation que nous souhaitions mettre en place autour de lui. Il a encore hésité, partagé entre sa préoccupation de protéger son équilibre familial et son envie de retrouver le football et l'OL, mais en juin 2019 il est de retour avec pour priorité de trouver un nouvel entraîneur.

La nomination de Juni va indirectement provoquer quelques mois plus tard le départ de Florian Maurice. Formé au club, Florian a ensuite réalisé une brillante carrière, notamment au PSG et à Marseille, avant de revenir à l'OL comme consultant de la chaîne OLTV puis comme responsable de la cellule de recrutement, où il fera preuve d'une grande efficacité et d'une extrême droiture. Je ne réussis pas à faire collaborer Juni et Florian, à ce que Juni s'appuie sur son expertise au lieu de s'en éloigner progressivement, comme je ne saurai pas davantage le faire collaborer plus tard avec Bruno Cheyrou ou Rudi Garcia. En mai 2020, Florian décide de quitter l'OL et de rejoindre le Stade rennais. Je n'ai probablement pas su le convaincre et regrette son départ. En revanche, je suis content pour lui et pour Bruno de la reconstitution de ce duo lyonnais en terre bretonne.

Juni travaille donc sur le dossier de l'entraîneur et il propose à Vincent Ponsot et moi le nom de son compatriote Sylvinho. Je me rappelle l'ancien joueur d'Arsenal, mais je ne connais pas son parcours de technicien aux côtés de Roberto Mancini à l'Inter puis dans le staff de Tite, le sélectionneur du Brésil. Juni est convaincant et nous validons son choix sans avoir les moyens d'évaluer vraiment Sylvinho.

La personnalité de ce dernier me plaît. Il nous expose ses principes de jeu, qui rejoignent parfaitement ce que Juni nous a présenté. Il démontre un réel enthousiasme et manifeste une grande volonté d'apprendre le français, ce qui est indispensable à mes yeux. Le tableau s'assombrit malheureusement assez vite. Après deux premiers succès brillants en Ligue 1, 3-0 à Monaco et 6-0 à domicile contre Angers, son équipe ne prend plus que trois points en six matchs et dégringole à la quatorzième place au soir d'une défaite à Saint-Étienne, toujours plus douloureuse que d'autres d'un point de vue psychologique.

Juninho m'explique que la situation n'est plus possible, avec en particulier un manque d'autorité patent de la part de Sylvinho et une trop faible créativité dans le jeu de l'équipe.

Dans un premier temps, il refuse néanmoins de trancher, puis revient très vite nous demander de l'écarter. L'OL n'a pas le temps d'attendre davantage. J'assume la décision d'écarter Sylvinho. Avec Juni et Vincent nous faisons un panorama des entraîneurs disponibles et susceptibles de correspondre au club et à notre effectif. Trois noms se détachent : Jocelyn Gourvennec, Laurent Blanc que j'avais suggéré avec Gérard Houllier, et Rudi Garcia. Nous les recevons. Au cours des entretiens, qui se déroulent à mon domicile parisien dans le huitième arrondissement, Juni n'apprécie pas l'attitude de Laurent qu'il juge trop distante, et il écarte cette solution sans possibilité de discussion. Son choix, que nous validons, se porte sur Rudi Garcia dont il apprécie le côté combattant et qu'il pense capable de remettre de la discipline dans le vestiaire.

L'arrivée de Rudi est très compliquée, car il vient de passer trois saisons à l'Olympique de Marseille au cours desquelles il n'a ménagé ni l'OL ni moi-même au lendemain des « olympicos », comme la presse qualifie désormais les matchs entre l'Olympique de Marseille et l'Olympique lyonnais. Les supporters lyonnais ont de la mémoire, ce dont je me félicite, je dois néanmoins présider mon club. Je n'oublie pas non plus ce qui a pu être dit mais je sais que Rudi cherchait surtout à défendre son club de l'époque et non à attaquer l'OL directement, et je suis certain qu'il saura désormais protéger sa nouvelle équipe.

Je crois en Rudi et je le défends, mais peut-être pas comme j'ai pu le faire avec ses prédécesseurs. J'ai souhaité prendre du recul avec le quotidien en déléguant vraiment la direction sportive du club à Juni, alors je suis un peu moins présent, je ne veux en aucun cas le court-circuiter. Les deux saisons de

Rudi à l'OL sont compliquées, d'autant que l'hostilité de nos supporters est patente et que sa relation avec Juni va se détériorer au fil des mois. Paradoxalement, le premier exercice est médiocre alors que les deux hommes entretiennent encore une relation plutôt constructive ; la seconde est assez bonne quand ils cessent d'échanger ! La crise sanitaire qui frappe le monde avec le Covid va fragiliser encore cet équilibre très instable.

Malgré une saison interrompue et une autre disputée dans des stades vides, Rudi garde néanmoins le cap avec l'opiniâtreté qui le caractérise. En décembre 2020, il termine la phase aller en tête de la Ligue 1, ce qui n'est plus arrivé au club depuis plus de dix ans.

Sur la scène européenne, il réussit deux énormes performances contre la Juventus et contre Manchester City, qui offrent à l'OL une deuxième demi-finale de Champions League. Curieusement les trois entraîneurs qui ont permis à l'OL d'atteindre ce niveau européen, Claude Puel, Bruno Genesio et Rudi Garcia, resteront comme les plus contestés de l'histoire du club par les supporters et les moins considérés par certains médias. Je n'en tire aucune conclusion définitive mis à part que chacun doit reconnaître que ces performances doivent être portées à leur crédit. Ce constat souligne une fois encore la particularité du sport de haut niveau et montre combien il peut être compliqué d'être président.

La dissension entre le directeur sportif et l'entraîneur rend impossible la poursuite de leur collaboration. Rudi quitte l'OL à la fin de son contrat en juin 2021 et Juni étudie avec Vincent et moi différentes possibilités pour le remplacer. Cette fois c'est Christophe Galtier, qui a la préférence du conseil d'administration et la mienne, et le Néerlandais Peter Bosz qui s'imposent en tête de liste. Au cours d'un dîner qui nous rassemble à la Villa Florentine, un restaurant situé sur la colline de Fourvière, nous obtenons l'accord de principe de Christophe, qui m'apparaît néanmoins perplexe devant le peu d'implication et d'enthousiasme de Juni lors de la soirée.

Le lendemain, Christophe informe Vincent qu'il choisit finalement de rejoindre Nice. Juni opte pour Peter dont il partage totalement la conception du football. Heureux de retrouver un climat de confiance, je valide ce choix.

La première saison de Peter est une succession de chauds et de froids, une trajectoire sinusoïdale qui se termine par une modeste huitième place en championnat, synonyme d'une première non-qualification (depuis 1997 !) sur la scène européenne pour la saison 2022-2023. Le parcours en Europa League est lui aussi secoué par plusieurs trous d'air, avec une élimination face à West Ham en quart de finale quelques jours après un exploit devant Porto. Le verdict sportif est terrible mais c'est l'évolution organisationnelle qui marque de façon encore plus surprenante cette saison. Le mercredi 17 novembre 2021, sans en avoir informé préalablement ni sa famille ni le club, Juninho déclare sur RMC qu'il envisage de quitter l'OL à la fin de la saison, invoquant une énorme fatigue mentale tout en mentionnant son projet de devenir entraîneur. Il aura entre-temps essayé d'engager à l'OL, sans aucune logique, à un poste d'adjoint au directeur sportif et à des conditions disproportionnées, un habitué des réseaux sociaux, ce qui nous surprend et ce que nous refusons. Ceci créera visiblement une rupture affective ou émotionnelle dans sa réflexion dont il aura du mal à se remettre. Trois semaines plus tard, le 8 décembre, Juni précise qu'il partira dès la trêve hivernale. Cette décision déstabilise définitivement l'équipe.

Le retour de Juni, que j'ai souhaité et pour lequel je me suis investi, s'achève dans une confusion émotionnelle. J'ai toujours adoré entendre Juni parler football, analyser les matchs et expliquer la tactique au tableau noir, mais je me suis sans aucun doute trompé en lui confiant un poste pour lequel il n'était pas fait. Peut-être s'accomplira-t-il dans le rôle d'entraîneur qu'il ambitionne, même si je ne suis pas certain que ce soit moins fatigant mentalement.

Peter quant à lui dresse un bilan de la saison 2021-2022 avec une grande lucidité. Il assume une situation sportive qui ne lui est pas favorable et se projette sur la saison suivante en proposant son expertise. Avec Vincent qui dirige le département football du club et Bruno Cheyrou qui anime la cellule recrutement, nous adhérons à son projet et à ses idées. Peter poursuit son contrat d'entraîneur de l'OL mais la saison 2022-2023 ressemble malheureusement à la précédente avec, au-delà de toute considération tactique, un manque d'engagement et une absence de réactivité du groupe.

Je m'investis auprès de Peter et des joueurs mais un match nul contre Toulouse le vendredi 7 octobre confirmera que ni Peter, ni Vincent, ni Bruno ni moi-même n'avons su doter l'équipe de cette capacité de réaction. Dans les vestiaires après ce match et après une réplique offensive d'Alexandre Lacazette auprès des médias, la décision est prise de faire évoluer l'encadrement technique. Nous nous concertons dans la nuit avec John Textor, avec lequel nous finalisons parallèlement la cession de l'OL, et nous mettons en place les conditions du départ de Peter, et l'arrivée de Laurent Blanc que j'avais envisagée pour succéder à Sylvinho devient réalité. Peter quitte le club très digne, reconnaissant qu'il n'a pas réussi dans l'entreprise que nous lui avions confiée.

16

Les femmes à part entière

Vers la fin de l'année 2003, je reçois un appel de l'adjoint aux sports de la ville de Lyon, Thierry Braillard, qui deviendra quelques années plus tard secrétaire d'État chargé des Sports sous la présidence de François Hollande. Thierry m'explique que la section féminine du Football Club de Lyon connaît de grandes difficultés financières et qu'il aimerait me rencontrer pour voir comment l'Olympique lyonnais pourrait l'aider à trouver une solution.

J'imagine ce que Thierry va me demander. L'Olympique lyonnais a remporté son deuxième titre de champion de France quelques mois auparavant et, en cette saison 2003-2004, dispute pour la quatrième année consécutive la Champions League, dont les retombées financières importantes peuvent donner des idées, notamment à un adjoint aux sports en quête de financement.

Ignorant beaucoup du football féminin, je prends quelques informations et je me rends à la mairie. Le Football Club de Lyon (FCL) est un club reconnu dans le milieu. Quatre fois champion de France dans les années 90, il a été dépassé ces dernières années en championnat par le club de Montpellier du président Louis Nicollin, par Toulouse et par Juvisy, mais il s'illustre encore, remportant par exemple en 2003 le Challenge de France, qui deviendra en 2011 la Coupe de France.

Le FCL, club omnisport, ne peut pas assumer financièrement les pertes chroniques de l'une de ses sections. Aussi, son président informe Thierry Braillard qu'il envisage de supprimer sa section féminine, ce qui place l'adjoint dans une situation inconfortable. Politiquement, il ne peut pas laisser disparaître un club référent dans son domaine, et financièrement son faible budget ne lui permet pas d'augmenter le montant de la subvention.

Je me retrouve dans le bureau de Thierry Braillard avec Marino Faccioli, directeur administratif de l'OL, et Paul Piemontese, président de la section féminine du FCL. J'écarte d'emblée l'idée d'un apport financier de l'Olympique lyonnais au FCL. Les quelques éléments d'information que j'ai pu me procurer m'ont fait comprendre que le football féminin en est à l'âge de pierre en termes de modèle économique. Ce type d'aide à fonds perdus n'a pas de sens pour moi car on ne règle pas comme ça un mal endémique. J'imagine alors une absorption de la section féminine du FCL par l'Olympique lyonnais, sans savoir ce qu'il est possible de faire ou non, mais le principe me plaît.

Ma mère m'a transmis des valeurs fondatrices sur l'égalité entre les femmes et les hommes, et depuis son départ je suis plus sensible à ce qui va devenir un sujet de société prioritaire. Dans le domaine de l'informatique, que je connais depuis plusieurs décennies, les femmes occupent une place très importante. La parité est une réalité quotidienne, parfois insuffisamment aboutie, mais que je connais avec Cegid. Je réalise qu'au contraire le football est non seulement en retard mais à des années-lumière d'un quelconque embryon de parité. L'occasion est belle de montrer l'exemple en créant une section féminine à l'OL, et si le FCL a remporté des titres avec très peu de moyens, l'OL devrait pouvoir faire aussi bien en investissant un peu plus.

Les juristes de la mairie et les avocats de l'OL trouvent la solution idoine et Marino Faccioli valide auprès de la Fédération que l'équipe absorbée du FCL pourra disputer le championnat de France sous la nouvelle appellation d'Olympique lyonnais. Le 12 juin 2004, le FCL joue son dernier match et remporte pour la deuxième fois le Challenge de France, puis le 1er juillet 2004 naît l'équipe féminine de l'Olympique lyonnais. Je n'en ai pas conscience sur le moment mais le football féminin tel que je l'imagine n'est qu'une grande page blanche. Tout est à écrire.

Mon enthousiasme n'est pas partagé par tout le monde dans les rangs de l'Olympique lyonnais. Il y a ceux qui estiment préférable de concentrer tous nos efforts sur l'équipe masculine, d'autres plus pragmatiques qui raisonnent gestion des infrastructures et cherchent comment ajouter des entraînements et des matchs sur des terrains surchargés, quelques irréductibles pour qui le football est réservé aux hommes, et heureusement, au bout du bout, un contingent heureux à l'idée de voir les couleurs de l'OL portées par de nouvelles équipes.

La première saison est un grand coup de pied dans la fourmilière, pour montrer aux nouveaux venus et ex-FCL que nous avons de l'ambition, et aux quelques esprits chagrins de l'OL qu'ils devront se faire à cette nouvelle réalité. Sept joueuses américaines viennent ainsi faire des piges sous le maillot de l'OL, internationales pour la plupart, championnes du monde ou championnes olympiques comme Lorie Fair et Aly Wagner, ou personnalités déjà iconiques comme la gardienne Hope Solo. Elles ne disputent qu'une poignée de matchs mais apportent une autre vision du football, joué par les femmes aux États-Unis avec plus d'ambition, d'assurance, de confiance en soi, et un état d'esprit éminemment positif.

Je m'investis dans le football féminin comme je l'ai fait dans d'autres domaines, avec la volonté et l'ambition d'aller au maximum de mes capacités et d'être un référent. J'essaye alors de faire venir les meilleures joueuses françaises pour renforcer le groupe, mais le football féminin est purement amateur. Conséquence : il faut trouver un emploi à chacune d'entre elles. Sonia Bompastor travaille à mi-temps dans la filiale média du club avec Élodie Thomis, Hoda Lattaf dans l'équipe merchandising, Camille Abily et Laure Lepailleur encadrent les jeunes de l'Academy… C'est la débrouille, avec le risque de voir partir des joueuses chaque fin de saison faute de relation contractuelle sur le plan sportif. Je sensibilise la Fédération sur la nécessité de créer un contrat fédéral qui permettrait de rémunérer les joueuses en tant que footballeuses et de stabiliser les effectifs avec des contrats à durée déterminée comme pour les joueurs professionnels, mais un événement va précipiter le mouvement.

En 2008, une nouvelle ligue professionnelle voit le jour aux États-Unis et deux clubs, Washington Freedom et Sol Los Angeles, contactent respectivement deux de nos meilleures joueuses, Sonia Bompastor et Camille Abily, qui quittent l'OL en pleine saison pour les États-Unis. Je vis avec une certaine amertume la situation car ces départs inattendus perturbent l'ambition du club. L'équipe féminine vient de réaliser deux magnifiques saisons, avec un premier titre de championne de France en 2006-2007 puis un deuxième en 2007-2008 et une demi-finale de Coupe de l'UEFA, la future Ligue des champions féminine. L'équipe s'est renforcée en août 2008 avec l'arrivée d'une attaquante internationale suédoise, Lotta Schelin, qui marquera deux cent vingt-cinq buts en deux cent vingt-cinq matchs !

J'accélère le processus de création du contrat fédéral, qui devient effectif le 5 mars 2009. À partir de la saison suivante, les joueuses pourront signer des conventions reconnaissant que la pratique du football est leur activité principale. Nous sommes encore loin d'un véritable contrat professionnel mais c'est une première avancée. Les départs de Sonia et Camille, me rappellent à mes dépens qu'il ne faut pas attendre d'être directement concerné par un problème pour agir et combien l'anticipation est primordiale et déterminante dans la vie.

Je n'arrive pas à consacrer le temps que je voudrais au développement de l'équipe féminine, pris par mes occupations professionnelles avec Cegid et le quotidien de l'équipe masculine de l'OL, alors je profite de certaines occasions pour mieux comprendre les quelques particularités ou subtilités de son fonctionnement.

Je rencontre Louis Nicollin, qui me fait part de son expérience, puis je fais tous les déplacements en Coupe d'Europe avec l'équipe. Pendant deux jours, je peux observer leur mode d'action, discuter avec l'entraîneur et des joueuses pour saisir leurs attentes, mais surtout je regarde, j'écoute et j'apprends, parfois en assistant à des scènes surréalistes. En novembre 2007, pour la première participation du club en Coupe d'Europe, nous affrontons en demi-finale le tenant du titre, Arsenal. Après un résultat nul 0-0 à Gerland, nous jouons le retour dans la banlieue de Londres, à Meadow Park. Les conditions climatiques sont très britanniques avec une pluie incessante et glaciale. À la mi-temps sifflée sur un score de 2-2, je me rends aux vestiaires comme je le fais à chacun des matchs de nos équipes professionnelles, féminine ou masculine.

Le vestiaire est minuscule comme dans tout vieux stade anglais, la vapeur d'eau laisse planer un filtre opaque duquel certaines têtes dépassent, et je découvre, outré et atterré, que les joueuses essorent leur maillot et leurs chaussettes. Elles n'ont qu'un maillot et une paire de chaussettes pour ce match. Comme un petit club amateur ! Je me joins à elles et tous ensemble nous essorons au mieux les équipements. La scène tourne à la rigolade et le match se termine bien, avec une victoire et une qualification. Dès le lendemain, l'équipe reçoit de nouveaux jeux de maillots, mais l'histoire reflète la réalité du football féminin à cette époque, réalité qui malheureusement est encore parfois d'actualité.

Une autre fois, au détour d'une discussion impromptue avec Laura Georges qui revient d'une semaine de stage en équipe de France, j'apprends que les joueuses internationales ont l'obligation d'utiliser les chaussures de l'équipementier partenaire de la Fédération, contrairement aux joueurs qui ont toute latitude pour porter les chaussures de leur choix et par conséquent avoir un contrat individuel avec un équipementier. Je rencontre le président de la FFF Jean-Pierre Escalettes et je lui explique que cette situation, probablement la conséquence d'un règlement poussiéreux, doit être régularisée, d'abord par bon sens mais surtout parce qu'elle est discriminatoire. Une simple discussion a permis de faire avancer un droit des joueuses.

Cette saison 2009-2010 apporte ses premiers frissons à notre équipe féminine entraînée depuis sa création par Farid Benstiti, ancien joueur formé à l'Academy de l'OL et qui faisait partie du groupe de la montée en D1 en 1989. L'équipe dispute la finale de la Ligue des champions féminine au Coliseum Alfonso Pérez de Getafe dans la banlieue de Madrid, face à l'équipe allemande de Potsdam où évolue une jeune joueuse de vingt-deux ans, Nadine Kessler, qui dirige aujourd'hui le département du football féminin de l'UEFA. Nous nous inclinons aux tirs au but et Michel Platini, président de l'UEFA, remet la coupe à la capitaine allemande.

Notre déception est immense mais pour aborder le lendemain avec encore plus d'ambition il faut savoir se réjouir de ce qui a déjà été accompli depuis 2004 : quatre titres de championne de France, une Coupe de France et une finale européenne. Sans compter l'arrivée de grandes joueuses, l'amélioration des conditions de préparation (vestiaires, salle de soins, de musculation) et le renforcement de l'encadrement (entraîneur adjoint, entraîneur des gardiennes, préparateur physique, médecin, kiné).

Le 26 mai 2011 nous goûtons une forme de premier aboutissement. À Craven Cottage, le stade de Fulham et sa délicieuse tribune victorienne faite de bois et de briques, Michel Platini remet cette fois la coupe à Sonia Bompastor grâce à une victoire « revanche » sur Potsdam par deux buts de Lara Dickenmann et Wendie Renard, qui sera une actrice majeure de l'incroyable série qui débute ce jour-là. Wendie, qui a disputé plus de quatre cents matchs avec l'OL, deviendra la première joueuse européenne à disputer cent matchs de Champions League et elle remportera en août 2022 son trente-quatrième trophée avec l'OL.

2016 est une année charnière dans la vie de l'Olympique lyonnais et de l'équipe féminine, avec deux événements : d'une part la création de deux camps d'entraînement à côté du Groupama Stadium au sud-est de Lyon, à Décines et à Meyzieu, deux communes séparées de quelques kilomètres, et d'autre part l'ouverture d'une Academy féminine. Je souhaite que les professionnels, filles et garçons, soient ensemble à Décines et que les jeunes, filles et garçons, le soient également à Meyzieu. Il y a débat avec certains cadres techniques qui préféreraient que la section féminine soit regroupée à Meyzieu pour laisser de la place à des jeunes joueurs aux côtés des professionnels hommes, mais j'impose ma décision et nous ouvrons les deux premiers centres mixtes de France. La création de l'Academy féminine dont je confie la direction à Sonia Bompastor est pour moi une évidence. L'OL a depuis plus de quarante ans un savoir-faire reconnu à l'international dans le domaine de la formation, qu'il fallait mettre au service de la section féminine.

Depuis la création de notre équipe féminine en 2004, l'équipe joue chaque année plusieurs matchs au stade de Gerland et depuis 2016 au Groupama Stadium. Les stades des garçons tardent souvent à s'ouvrir aux équipes féminines, mais quand l'exemple vient d'en haut, tout devient possible. En 2020, nous rencontrons la Juventus en seizièmes de finale de la Ligue des champions féminine. Quand le président de la Juventus Andrea Agnelli apprend que le match retour aura lieu au Groupama Stadium alors que le match aller à Turin est programmé dans son camp d'entraînement, il impose lui-même que cette rencontre se dispute dans un cadre prestigieux, à l'Allianz Stadium où l'équipe masculine a ses habitudes.

Au fil des ans, l'équipe professionnelle féminine se structure de mieux en mieux, comme je le souhaitais à l'origine du projet. La qualité des joueuses et des staffs qui se sont succédé offrent au club un palmarès incroyable qui totalise trente-quatre trophées en 2022 : huit Ligue des champions avec cinq entraîneurs différents (Patrice Lair, Gérard Prêcheur, Reynald Pedros, Jean-Luc Vasseur et Sonia Bompastor), quinze titres de champion de France, neuf

Coupes de France et deux Trophées des championnes. J'ai un plaisir immense à travailler avec cette équipe pour la qualité du football qu'elle pratique et les trophées qu'elle ne cesse de remporter bien sûr, mais aussi et surtout pour le comportement de chacun, dans le staff et chez les joueuses, et l'extraordinaire relation humaine qui existe depuis 2004, avec moi en qualité de président, avec les autres interlocuteurs du club et avec nos sponsors. Les joueuses apprécient ce que le club fait et les moyens mis à leur disposition, elles sont reconnaissantes de la confiance que nos partenaires leur témoignent et sont heureuses d'apporter des résultats en retour. Le football féminin est un vent de fraîcheur pour tout le monde et un des trois piliers fondamentaux de l'Olympique lyonnais, avec le football masculin et l'Academy.

En 2018, Ada Hegerberg fait la fierté de l'Olympique lyonnais en remportant le premier Ballon d'or féminin de l'histoire. À vingt-trois ans, Ada réalise une saison extraordinaire, Ligue des champions, championnat de France, meilleure buteuse des deux compétitions et un total de cinquante-trois buts en trente-trois matchs ! Très engagée pour la parité et la promotion du football féminin, Ada lance ce message aux jeunes filles à travers le monde : « S'il vous plaît, croyez en vous. »

La réussite de notre section féminine m'incite à regarder vers les États-Unis, où le football féminin est considéré depuis longtemps comme un véritable sport professionnel, pour voir si nous pourrions exploiter l'image extrêmement positive de notre équipe afin de dynamiser la notoriété du club dans son ensemble. Nous participons d'abord à des tournois organisés par des groupes privés, puis je m'intéresse aux franchises, ces structures propres au sport professionnel américain et qui gèrent les clubs. Fin 2019, nous nous positionnons pour racheter la franchise de Seattle Reign, club où évolue Megan Rapinoe, deuxième Ballon d'or de l'Histoire après Ada Hegerberg, joueuse emblématique qui a joué à l'OL en 2013. Le jeudi 19 décembre 2019, OL Groupe devient propriétaire de Seattle Reign, dont nous changerons le nom en OL Reign quelques semaines plus tard. Ce rachat va nous permettre de mieux appréhender le fonctionnement du football aux États-Unis et plus particulièrement de la NWSL (*National Women's Soccer League*) qui gère la compétition, et va permettre à des joueuses de vivre une expérience américaine, mais le but ultime est de remporter le titre national.

Depuis 2004, l'Olympique lyonnais a travaillé et progressé, mais l'univers du football féminin a considérablement évolué dans le même temps, en particulier du côté des instances internationales. En 2008, j'ai la chance d'être appelé par la FIFA pour intégrer un groupe de travail sur le football des clubs, dont le football féminin est un des thèmes retenus. En 2009, c'est l'UEFA qui envoie un signal fort en transformant la Coupe d'Europe féminine de l'UEFA en Ligue des champions féminine. Le changement est symbolique mais très fort. Le prestige de la compétition masculine donne un éclat à celle des femmes, dont l'intérêt sportif et l'attractivité ne cesseront ensuite de progresser. En 2013 enfin, je convaincs l'European Club Association (ECA) de créer un comité spécifique pour le football féminin, dont on me confie la présidence. À ce titre je deviendrai en 2019 membre du groupe de travail FIFA sur le football féminin professionnel, dont un sujet est le projet de création de Coupe du monde des clubs féminins.

L'ECA est un interlocuteur très actif de l'UEFA dans son projet de refonte de la Ligue des champions féminine, effective à compter de la saison 2021-2022 avec un système inspiré de celui de la compétition masculine : phase finale avec seize équipes réparties en quatre groupes de quatre, centralisation des droits, dotation financière très nettement augmentée. L'UEFA prend alors une décision à valeur d'exemple en affectant une partie des ressources de la compétition des garçons à celle des filles. À l'image de l'UEFA, et comme le modèle économique du football féminin n'est pas abouti pour l'instant, du moins en Europe, le football masculin, donc les clubs, a un rôle à jouer en créant des sections féminines et en finançant leur développement, chaque club à hauteur de ses moyens, comme le font en France Montpellier avec Laurent Nicollin sur les pas de son père, le PSG ou l'OL.

Je suis très heureux que beaucoup de clubs membres de l'ECA, en particulier les plus prestigieux, fassent du football féminin une stratégie de leur développement. La présence régulière en quarts de finale de la Ligue des champions féminine depuis cinq ans de grands clubs comme Barcelone, le Bayern, la Juventus, Chelsea, Arsenal, Manchester City, le Real ou Wolfsburg, avec bien sûr le PSG et l'OL en France, atteste d'une prise de conscience collective qui dynamise le football féminin, favorise sa croissance et bientôt son équilibre économique. Les associations nationales suivent ce mouvement en créant les unes après les autres (l'Allemagne, l'Espagne, l'Italie...) une ligue féminine professionnelle, structure qui assure aux joueuses un statut professionnel comme pour les joueurs. Je m'efforce avec les membres de la « commission féminine de haut niveau » que je préside au sein de la FFF de faire en sorte que la France soit le prochain pays à offrir à ses joueuses ce statut essentiel pour elles et pour le développement de son football féminin.

17

Former ou acheter ?

Mes trente-six années de présidence à la tête de l'Olympique lyonnais m'ont offert le privilège de connaître plus de trois cents joueurs qui ont porté le maillot du club depuis 1987. Je n'ai jamais cherché à établir de relations privilégiées avec eux mais me suis plutôt attaché à ne pas dépasser le cadre professionnel, car il m'est apparu indispensable, dès mes premiers mois à la tête du club, que chacun occupe la position qui lui revient selon une hiérarchie bien définie. Le président, l'entraîneur et le directeur sportif ou son équivalent sont des personnages clefs dans le fonctionnement du secteur sportif d'un club, et il est primordial que les joueurs sachent qu'il est inutile d'interférer auprès du président dès que des premières turbulences commencent à secouer le groupe.

En revanche, j'ai toujours tenu à ce que les titres soient célébrés « en famille », staff, joueurs puis joueuses, et dirigeants réunis, car il est important de partager ensemble le plaisir de la victoire. La fête et la convivialité nourrissent des souvenirs indéfectibles qui renforcent les groupes et créent des liens entre les joueurs ou joueuses et les dirigeants dans des moments hors du temps, qui ne remettent pas du tout en cause l'indispensable respect associé à la fonction de président et qui peut-être même la sublime.

La soirée du retour en première division en 1989 m'a définitivement convaincu que chaque succès devait avoir sa propre histoire festive, avec pour cette première une soirée d'exception aux Négociants, un établissement du centre de Lyon. Les titres de champion de France comme les Ligues des champions de nos joueuses seront ensuite célébrés à Saint-Tropez avec nos partenaires économiques, que j'ai toujours tenu à associer à nos succès. Année après année les plus jeunes feront leur miel des anecdotes distillées par les plus anciens, avec l'espoir d'imiter à leur tour les inoubliables « performances » de Sonny, Greg Coupet ou Sidney Govou.

Je passe régulièrement à l'entraînement, le plus souvent les veilles de match, j'échange avec l'entraîneur sur le contexte et l'état de forme de ceux qu'il prévoit d'aligner. Pour finir, j'observe l'attitude des uns et des autres sur le terrain et en dehors. C'est très intéressant de voir le comportement des joueurs compte tenu des choix faits par le staff technique. Le jour du match, je passe plusieurs fois dans le vestiaire pour mesurer le degré de concentration de l'équipe mais aussi pour évacuer mon propre stress. Je suis supporter porté par ma passion et président conscient de l'enjeu d'un match. À la mi-temps, je retourne aux vestiaires, pour regarder encore et écouter les mots choisis de l'entraîneur. Je ne dis rien mais je suis là. Il y a la stratégie et la théorie de l'avant-match puis la réalité du jeu et les réajustements tactiques. Je ne suis pas un technicien et ne prétends pas en être un, mais en tant que président du club, j'essaye de comprendre un domaine qui n'est pas le mien. On ne manage pas des hommes sans comprendre leur métier ni les voir à l'œuvre.

J'ai de très rares entretiens individuels avec les joueurs, parfois avec le capitaine ou certains cadres. Mes quelques interventions se font devant le groupe au complet et toujours en présence de l'entraîneur et de son staff, le plus souvent quand les résultats sportifs ou certains comportements me mettent en alerte.

C'est finalement lorsque les joueurs signent leur contrat que la relation est plus détendue, chaleureuse et même amicale. Je suis toujours présent car c'est chaque fois le début d'une histoire. Je fais l'historique du club, je rappelle ce qui a été réalisé jusque-là ainsi que la stratégie choisie et, pour finir, je précise nos ambitions pour les prochaines saisons, qui impliquent directement le joueur concerné. J'apprécie ces moments qui permettent d'échanger avec l'arrivant, de cerner sa personnalité, de ressentir ses attentes, de connaître sa famille, ses proches.

Chacun est heureux et souvent soulagé qu'une signature concrétise des négociations parfois longues et compliquées. Le masque tombe et je profite de ces moments, chaleureux et conviviaux.

Les signatures que j'apprécie le plus sont celles des jeunes formés à l'Academy et invités à s'engager pour la première fois à l'échelon professionnel. Toute la famille est généralement présente, les parents, les frères, les sœurs, parfois les grands-parents. On ressent la fierté de tous, la satisfaction du joueur ou de la joueuse, sa joie, son émotion. Le premier contrat professionnel n'offre aucune garantie si ce n'est celle de devoir travailler encore plus pour réussir, mais c'est une étape décisive qui a déjà nécessité beaucoup de sacrifices et d'efforts. Tout le monde savoure et la présence du « boss » confère un côté solennel que mérite l'événement.

En tant que président, chaque signature d'un jeune garçon ou d'une jeune fille formés au club m'apporte une immense satisfaction, car elle démontre l'efficacité d'une stratégie formatrice caractéristique de l'OL. Quand j'arrive en 1987 sans aucune connaissance du milieu du football, je n'ai pas conscience que c'est une chance extraordinaire, un atout fantastique, d'avoir institutionnalisé ce marchepied si valorisant. Raymond Domenech et Bernard Lacombe qui sont de purs produits du club me sensibilisent sur ce sujet avec un chiffre explicite : les effectifs de mes premières années de présidence sont composés à 50 % par des joueurs formés au club. L'académie est donc plus qu'un socle important, c'est un joyau, le fruit d'une stratégie initiée et sans cesse poursuivie par les présidents qui m'ont précédé, et développée au niveau sportif par des techniciens comme José Broissart ou Alain Thiry.

Les difficultés économiques au début de mon exercice me font prendre définitivement conscience de l'importance de ce secteur, surtout quand il est de la qualité de celui de l'OL. En nous appuyant sur des jeunes du cru, nous limitons le recrutement de joueurs émancipés ailleurs et forcément plus chers. La formation lyonnaise existait bien avant moi avec une qualité déjà reconnue, mais je m'attache à lui donner de plus en plus de moyens humains dans les domaines technique, médical, et matériel en améliorant encore les infrastructures. Durant mes trente-six ans de présidence, on peut estimer que le club a investi plus de 400 millions d'euros dans l'Academy. Cela peut sembler beaucoup en valeur absolue mais c'est conforme à la stratégie du club, qui est de s'appuyer sur des néophytes d'extrême qualité.

Il est capital de former les jeunes joueurs mais il l'est tout autant de savoir leur donner leur chance et qu'ils soient représentatifs du plus haut niveau de l'idée que je me fais de l'OL. Voir Alexandre Lacazette et Corentin Tolisso revenir au club en 2022 après une parenthèse à l'étranger m'a conforté dans mes convictions. L'Olympique lyonnais a ceci de particulier qu'il est un grand club où souffle un esprit de famille. La présence de nombreux « anciens » dans l'encadrement technique ou administratif joue un rôle important dans cette volonté de transmission qui nous caractérise.

À l'occasion de notre premier match de Champions League contre le Bayern, j'avais été étonné d'apprendre combien d'anciens joueurs travaillaient dans le club allemand, et j'ai alors mieux compris de quoi était faite l'identité du Bayern. Idem à Barcelone ou à l'Ajax, dont les cadres sont également d'anciennes gloires du club. Je m'attache depuis à reproduire ce principe à l'OL et je suis très heureux que plus de trente anciens joueurs ou joueuses soient revenus chez nous, comme encore récemment Alain Caveglia et Ludovic Giuly, pour forger cet ADN « OL » que nous revendiquons avec fierté.

Beaucoup de joueurs que j'ai connus depuis 1987 ont été formés au club, probablement plus d'une centaine, ce qui confirme le bien-fondé de la politique du club, même si tous n'ont pas réussi avec l'OL. Je regrette toujours ces départs, souvent trop rapides, même si les explications diffèrent entre l'immaturité, l'impatience, les opportunités, ou tout simplement la concurrence qui peut réduire les occasions de démontrer ses qualités, mais il arrive aussi que le club en soit à l'origine, comme ce fut le cas avec Anthony Martial.

En juin 2013, nous connaissons des difficultés financières, avec un besoin impératif de céder un joueur avant le 30 juin pour équilibrer les comptes. Je pense réaliser le transfert de Bafétimbi Gomis dont le contrat arrive à échéance un an plus tard, mais Bafé décide de rester un an de plus pour partir libre ensuite. Le 30 juin, je choisis alors de vendre Anthony Martial pour cinq millions d'euros à Monaco, tout en intégrant une clause d'intéressement sur l'éventuelle plus-value d'un futur transfert qui permettra de pratiquement tripler le montant de l'opération.

Anthony a dix-sept ans et il est l'un des grands espoirs du club. Son départ est mal vécu par Rémi Garde, qui entraîne l'équipe professionnelle et qui commençait à l'intégrer dans son équipe, mais aussi par les formateurs, déçus que le joueur parte se révéler ailleurs qu'à l'OL. Je comprends leurs regrets et leur déception mais le football est, comme toute entreprise, confronté à la réalité économique et financière. Notre Academy qui est une des forces de l'OL peut ainsi jouer un rôle de variable d'ajustement dans la vie du club.

La période des transferts est la plus complexe d'une saison, avec l'adéquation difficile à réaliser entre l'amélioration d'un effectif et la gestion des départs et des arrivées dans un cadre suffisamment prudent pour l'équilibre financier du club. Jeune président, j'étais grisé par mes premiers transferts, j'étais le « King », car je n'imaginais pas que les choix ne soient pas les bons, que les négociations ne soient pas optimisées en faveur de l'OL et que tout ne marche pas comme écrit dans les livres. Je déchante vite et je comprends que le jeu est beaucoup plus compliqué qu'il n'y paraît. Je connais des échecs et nous en aurons encore, mais l'expérience permettra néanmoins de minimiser les risques sur le plan sportif comme sur le plan financier.

Je ne me rends pas tout de suite compte que le football vous installe malgré vous dans une spirale infernale. Chaque année depuis que je suis président, il faudrait faire un petit peu plus que la précédente car l'économie du football professionnel n'en finit pas de grandir. Les gens ne se rendent pas toujours compte que ce sport est un secteur d'activité qui a crû à près de 15 % par an depuis quinze ou vingt ans. Rares sont les secteurs à avoir connu une telle évolution, à l'exception des télécoms et de quelques autres secteurs de pointe, mais au gré de cycles bien marqués, alors que pour l'instant le football reste sur son rythme de croissance continue totalement effréné.

Tous les clubs ont conscience de la surenchère permanente mais la concurrence fait que tout le monde continue d'« alimenter la machine » et donc d'entretenir la spirale. La difficulté consiste à se fixer des limites et à les respecter, comme ne pas aller trop loin même quand les techniciens sont convaincus de l'intérêt d'acquérir tel ou tel joueur. Il faut définir un plan de rentabilité qui justifie l'investissement et être capable de l'adapter, voire de céder le joueur si on n'est plus en mesure de respecter ce qui était prévu quelques jours, parfois quelques heures plus tôt.

L'idéal est d'avoir toujours un an d'avance sur le plan économique pour absorber une mauvaise performance sportive après une grosse acquisition et ainsi rester « en vie » ou du moins conserver un même niveau de compétitivité, ce qui n'est pas le cas de tous les clubs. J'ai appris à m'adapter au coup par coup en fonction du contexte de chaque opération, avec un principe indéfectible : ne jamais aller au bout d'une opération qui me semble dangereuse sur le plan financier. Néanmoins, malgré toutes les anticipations possibles, chaque grosse opération génère beaucoup de stress, d'anxiété et d'inquiétude.

À mes débuts, je n'avais pas conscience de l'importance d'une bonne intégration des nouveaux. Heureusement le club s'est organisé pour favoriser leur adaptation, en particulier celle des étrangers. Pour eux nous avons créé un poste dédié, comme les plus grandes entreprises le font pour leurs cadres supérieurs. Isabelle Dias se charge de régler toutes les questions d'intendance (logement, formalités administratives, ouverture de comptes bancaires et de lignes téléphoniques, choix des écoles, etc.) pour libérer les arrivants de tout souci pratique. Quant à l'intégration à l'effectif, il faut apprendre à jongler entre les a priori liés au statut sportif ou médiatique du nouveau venu, les sommes annoncées pour son transfert ou sa rémunération, l'opposition entre les anciens et les modernes, tout étant potentiellement sujet à créer des dysfonctionnements.

18

Histoires de transferts

Chaque transfert a son histoire et donne lieu à des négociations différentes. Je connais un premier et, fort heureusement, unique très gros problème en 1992. Torben Frank est un jeune international danois de vingt-quatre ans qui s'illustre depuis trois ans dans son championnat national, qu'il vient de remporter avec son club de Lyngby. De surcroît, il dispute et gagne l'Euro 1992 en Suède avec l'équipe nationale du Danemark. Début juillet je finalise le transfert sous réserve de validation d'une visite médicale, ce qui relève de la routine mais qui est particulièrement nécessaire dans son cas dans la mesure où ce joueur évolue toujours avec une genouillère. Or depuis le 1er juillet 1992, la réglementation FIFA a changé et a supprimé les clauses médicales suspensives, changement que nous n'avons pas intégré. Sans tarder, la rotule du genou droit de Torben Frank cède ! J'engage une bataille juridique qui s'avère vaine. Son transfert restera comme mon plus gros échec.

L'arrivée de Sonny Anderson est, à l'inverse, le 18 juin 1999, le transfert le plus heureux de l'histoire de l'OL, avec un investissement considérable (mais raisonné) de 120 millions de francs (près de 18 millions d'euros). Merveilleux joueur, élégant et tellement efficace, Sonny fait passer le club dans une nouvelle dimension en étant un des acteurs majeurs des premiers titres, Coupe de la Ligue en 2001 et championnat de France en 2002. Il conforte la dynamique sportive mais aussi structurelle de l'OL. Rien ne sera plus pareil désormais.

Depuis plusieurs années, je menais une stratégie qui devait permettre d'attirer d'autres investisseurs à mes côtés avec un effet de levier important et, en 1998, je mandate le cabinet Deloitte & Touche pour rechercher un partenaire qui viendrait renforcer le capital du club et accélérer son développement. L'interlocuteur chez Deloitte est une jeune femme, Sophie Sauvage, dont, hasard de la vie, le mari Thierry deviendra plus tard directeur général de l'Olympique lyonnais. Le 29 avril 1999, le groupe Pathé de Jérôme Seydoux apporte 100 millions de francs (un peu plus de 15 millions d'euros) au capital du club, ce qui nous offre de nouvelles perspectives. Je découvre Jérôme Seydoux qui représente tout autre chose que ce que j'ai connu, le très haut niveau de notre société avec un historique d'entrepreneur haut de gamme. Je suis terriblement impressionné à l'idée de le rencontrer. Je vais au premier rendez-vous sur la pointe des pieds sans aucune confiance en moi, comme j'ai pu l'être dans d'autres circonstances lors de rencontres dans des milieux scientifiques ou culturels qui ne sont pas mon environnement d'origine. J'ai le sentiment de rencontrer quelqu'un d'inaccessible pour moi, d'avoir accès à un monde d'entreprises qui m'est inconnu, qui réussissent bien sûr mais très traditionnelles, rationnelles et dans un environnement sobre et carré, très protestant qui me séduit et me conquit.

Jérôme est un personnage assez unique au travers de son expérience entrepreneuriale, de son histoire familiale, de sa manière d'être et de se comporter avec des exigences qui frisent parfois l'absolu. Il est difficile mais néanmoins valorisant de pouvoir échanger avec des gens aussi expérimentés, et complexes quand il s'agit de participer à un partenariat équilibré. La négociation a duré plusieurs mois mais elle a été positive pour l'Olympique lyonnais et l'histoire retiendra qu'on pouvait travailler ensemble sur une longue période, mais il est vrai que Jérôme n'avait pas l'habitude d'être dans la position d'actionnaire minoritaire. Il aura été une rencontre d'exception, une étoile sur mon chemin de vie. Et je pense que la ville de Lyon et l'Olympique lyonnais lui correspondent bien avec un contexte plus traditionnel qu'ailleurs, peut-être moins clinquant, moins euphorique, plus raisonné et raisonnable aussi.

La finalisation du transfert de Sonny, dont l'idée première revient à Bernard Lacombe, s'éternise. La conclusion se fait à Barcelone après deux jours de négociations que je mène avec Marino Faccioli, directeur administratif, et maître Joseph Aguera, remarquable avocat lyonnais dont les origines catalanes sont appréciées du président du Barça Josep Núñez, redoutable négociateur qui nous emmène au fil des heures à la somme maximale que nous nous sommes fixée. De retour à Lyon, je partage le plaisir de ce transfert avec Bernard et j'éprouve une immense fierté d'avoir conduit l'OL à un niveau de puissance économique qui permette un tel investissement. Les supporters lyonnais témoignent d'un enthousiasme incroyable et seul le quotidien local *Le Progrès* rechigne à s'enflammer, en titrant « Est-ce bien raisonnable ? » pour commenter ce qui restera comme un coup de génie.

À l'inverse, le départ de Sonny en 2003 et la recherche de son remplaçant constitueront probablement le plus grand regret de ma présidence. Avec Bernard Lacombe et Paul Le Guen – qui vient de boucler sa première année comme entraîneur de l'OL avec un titre de champion de France –, j'explore différentes pistes pour trouver un joueur du même niveau. Parmi les noms listés figure celui de Didier Drogba qui vient de s'illustrer avec Guingamp, mais nous recherchons plutôt un attaquant d'expérience et Didier vient seulement de découvrir la Ligue 1.

Pendant que nous poursuivons nos recherches, je discute avec le président de Guingamp Noël Le Graët des modalités du transfert de Florent Malouda, auteur comme Didier Drogba de deux buts contre nous lors du dernier match de la saison. Il propose que nous nous positionnions sur les deux joueurs à la fois, qui ont affiché une belle complicité tout au long de la saison. Notre point de vue fluctue. Les négociations avec Florent avancent mais celles avec Didier patinent. J'entre en contact avec son agent, Pape Diouf, pendant que Bernard va à sa rencontre en Côte d'Ivoire pour essayer de le convaincre, mais il est trop tard. Didier a choisi l'Olympique de Marseille avec lequel Pape Diouf discute depuis un moment. Je n'ai pas toujours été d'accord avec Pape et nous nous sommes parfois égratignés l'un l'autre, en particulier quand il fut plus tard président de l'OM, mais il restera à mes yeux le meilleur agent avec lequel il m'ait été donné de travailler, un homme de parole, très intelligent et d'une intégrité totale.

Michael Essien, Anthony Réveillère et Florent Malouda signent à l'OL dans le courant du mois de juillet et, après avoir approché sans succès des joueurs comme Shabani Nonda ou Mark Viduka pour succéder à Sonny Anderson, l'attaquant brésilien du Bayern, Giovane Elber, rejoint l'OL. Nous remporterons de nouveau le championnat de France en juin 2004 après avoir atteint pour la première fois les quarts de finale de la Ligue des champions. Aurions-nous fait mieux avec Didier ? Personne ne peut réécrire l'histoire, mais vu ce qu'il a réussi à

Marseille en 2003-2004 puis à Chelsea, on ne peut qu'avoir d'immenses regrets !

Les cinq saisons de Yoann Gourcuff à l'OL représentent assurément la dépense la plus importante consentie par le club pour un joueur, montant du transfert et rémunération comprise. Je ne saurai sans doute jamais si Nicolas de Tavernost, homme d'affaires averti et patron du Groupe M6 propriétaire des Girondins de Bordeaux, souhaitait avant tout réaliser une bonne opération financière ou si les dirigeants bordelais voulaient surtout écarter ce joueur dont la gestion au quotidien était très compliquée, toujours est-il que son passage à Lyon fut transparent avec à peine cent matchs joués au total.

Yoann est un joueur talentueux qui a excellé à Bordeaux mais je découvre un homme en proie au doute, dont l'inquiétude psychologique se traduit en blessures physiques que les médecins ne maîtrisent presque jamais. Je m'implique personnellement afin de mieux le comprendre et l'aider à redevenir le joueur brillant qu'il était. Je m'entretiens avec lui dans un contexte professionnel, je le reçois chez moi dans un cadre plus familial. Je le laisse travailler avec un préparateur physique extérieur, Tiburce Darou, personnage atypique apprécié par de nombreux sportifs. Mais je reste impuissant. Yoann quittera l'OL dans l'anonymat. J'aurais aimé qu'il réussisse ailleurs après notre épisode raté, mais malheureusement les mêmes causes ont produit les mêmes effets. Un échec sportif sur toute la ligne.

L'épisode Mariano Díaz souligne ce que le football peut avoir d'énigmatique et d'irrationnel. Arrivé un peu par hasard à l'OL en 2017 pour succéder à Alexandre Lacazette, Mariano, Espagnol d'origine dominicaine, réalise une saison d'une incroyable efficacité (21 buts), même si sa complémentarité avec Memphis ou Nabil Fekir pose quelques problèmes sur le plan technique. Beaucoup de spécialistes m'expliquent qu'il n'a pas le niveau de la Ligue 1, néanmoins ses performances marquent les esprits. Mariano reçoit des préconvocations pour l'équipe d'Espagne et à la fin de la saison 2017-2018 un club de Liga nous fait une proposition de transfert d'un peu plus de 21 millions d'euros. Le Real de Madrid, son club d'origine, dispose d'un droit de priorité. Bonne opération : nous revendons 21 millions au Real un joueur que nous lui avions acheté 8,5 millions douze mois plus tôt, soit la onzième plus importante transaction de l'histoire de l'OL.

La cession de joueurs est un tout autre exercice que l'acquisition qui nécessite en amont un travail de supervision et en aval une prise en compte de l'intégration et de l'adaptation. J'aborde les cessions comme s'il s'agissait d'un acte commercial. Je m'assure d'abord de l'accord tacite du joueur puis, *in fine*, de celui de l'OL et du club acheteur réunis. S'agissant des joueurs, il existe trois principaux cas de figure : ceux qui veulent partir et qui ont le plus souvent déjà identifié le nom de leur prochain club ;

ceux que l'entraîneur ne souhaite pas forcément garder et qui sont le plus ouverts à l'étude des propositions ; et ceux qui sont sensibles à une opportunité.

Une nouvelle tendance existe depuis quelques années, avec des joueurs qui souhaitent rester jusqu'à l'échéance de leur contrat, comme Bafé Gomis, Jimmy Briand, Yoann Gourcuff ou plus récemment Memphis, quitte à ne pas jouer. Ils en ont parfaitement le droit et partent alors libres, mais cela relève à mes yeux d'un projet très individualiste qui tient peu compte des investissements consentis en amont. Le processus en trois temps (formation ou acquisition, valorisation par la performance puis cession) est rompu, ce qui déstabilise l'équilibre financier de nombreux clubs en Europe.

Karim Benzema est l'exemple parfait du joueur qui a exprimé sa volonté de quitter l'OL pour progresser et qui savait où il voulait aller. J'ai toujours eu une grande relation de confiance avec Karim et ses parents, une famille soudée, alors quand il m'exprime son intention de rejoindre le Real Madrid, je l'assure de tout faire pour que son souhait se concrétise. C'est ma première négociation avec Florentino Perez, qui m'avait reçu dans le cadre du G-14 en 2002. J'ai une grande admiration pour Florentino, un brillant entrepreneur qui développe un groupe de plus de cent mille personnes et un président au parcours exemplaire sur une longue durée, ce qui est très difficile. La discussion est serrée mais, après une semaine d'échanges, Florentino propose 35 millions d'euros plus 6 millions de bonus – ce qui ferait alors du transfert de Karim le deuxième plus important d'un joueur français –, mais dans le même temps Manchester United nous adresse une offre légèrement supérieure. J'en parle à Karim, qui reste fidèle à son souhait. Il quitte l'OL pour le Real Madrid.

J'ai un grand attachement pour Karim et une profonde admiration pour sa carrière professionnelle, qui symbolise ce que j'aime par-dessus tout : l'ambition, l'abnégation, le travail et la fidélité. J'ai longtemps entretenu le rêve de le voir revenir jouer à l'OL.

La réussite de Karim Benzema en Espagne ne va cesser de renforcer la crédibilité et la notoriété de l'Academy de l'Olympique lyonnais, qui suscite énormément l'intérêt des clubs européens. Le point d'orgue est matérialisé par son succès au Ballon d'or le 17 octobre 2022, qui en fait un exemple de réussite sportive et aussi d'intégration réussie dans un milieu très difficile. Le transfert d'un joueur est un acte commercial qui diffère à chaque fois et nous impose d'adapter notre stratégie. Il est toujours difficile de savoir jusqu'où on peut aller dans une négociation, alors je préfère me fixer un objectif et, quand celui-ci est atteint, je lâche. En revanche, je m'interdis de refuser une proposition qui est de toute évidence au-dessus du marché.

Pour espérer concrétiser une bonne cession, la condition *sine qua non* est d'avoir des bons joueurs, sans lesquels on ne peut pas avoir de stratégie ambitieuse, mais il convient aussi de maîtriser au mieux une alchimie complexe qui permet de créer un minimum de concurrence. C'est un travail de fond qui dure plusieurs semaines voire plusieurs mois, et c'est comme ça que nous avons réussi des cessions formidables, près d'un milliard d'euros pour les cent plus belles opérations.

Depuis une dizaine d'années, Vincent Ponsot dirige le département football du club, qui comprend les équipes professionnelles masculine et féminine, l'Academy, la franchise OL Reign aux États-Unis et les partenariats noués avec une quinzaine de clubs ou d'académies à travers le monde. Dans ce cadre, Vincent joue un rôle extrêmement positif et crucial dans la stratégie de transferts, et encore plus à l'achat car c'est un expert en matière juridique et un négociateur hors pair. J'interviens moins directement aujourd'hui mais un jeu s'est peu à peu instauré entre Vincent et moi pour être complémentaires et plus efficaces. On se téléphone cinq, dix, voire vingt fois par jour pendant la période des transferts pour disséquer chacun des cas et trouver la meilleure solution. Je peux appeler un président pour savoir si l'intérêt de son club est réel ou lui dire qu'un autre club a fait une proposition supérieure à la sienne.

L'avantage d'une présidence de longue durée est qu'au finale les relations avec les autres clubs sont plus aisées. Les relations de confiance se construisent au fil des années.

Quand le club de Newcastle tout juste racheté par un fonds saoudien nous exprime fin décembre 2021 son intérêt pour Bruno Guimaraes, nous savons comme tout le monde qu'il dispose désormais de moyens à la hauteur de ses besoins. Il nous a alors suffi de patienter quelques semaines pour faire passer l'offre initiale de 25 millions d'euros à 42,1 millions d'euros, auxquels pourront même s'ajouter 8 millions de bonus.

En revanche, dans le cas du départ de Michael Essien à Chelsea en 2005, c'est l'expérience de Gérard Houllier qui va jouer un rôle capital. Dès le mois de juin, Chelsea manifeste son intérêt avec une première offre de 20 millions d'euros. Je refuse. Début juillet, notre équipe part à Séoul participer à un tournoi de pré-saison, la Peace Cup. Gérard Houllier, qui a succédé à Paul Le Guen, m'informe que Michael a changé de comportement à l'entraînement, qu'il souhaite absolument partir et qu'il sera difficile de le retenir, mais il me dit de patienter. Gérard a appris que Chelsea avait déjà initié avec le ministère du Travail les démarches indispensables à l'arrivée d'un joueur étranger, ce qui sous-entend une détermination totale à réaliser le transfert. Les jours passent et mi-août Roman Abramovitch, l'oligarque russe propriétaire du club londonien, me propose un rendez-vous inhabituel, sur son yacht de 162 mètres ancré en baie de Sainte-Maxime. Je me présente avec Marino Faccioli et l'affaire se conclut pour un montant final de 38 millions d'euros, près du double de celui initialement proposé !

19

Les supporters

Je commence à m'impliquer vraiment dans la relation avec les supporters au milieu des années 90. Le football français est touché par un mouvement hooligan sans précédent et connaît des situations compliquées dont certaines très violentes, dans un contexte plutôt anarchique tant au niveau des instances dirigeantes que du cadre juridique. Le fait le plus dramatique a lieu au Parc des Princes en août 1993. Au terme de la rencontre PSG-Caen, plusieurs CRS sont agressés et blessés.

Le président du PSG Michel Denisot déplore l'absence de moyens permettant d'interdire l'accès du stade aux supporters connus des services de police et, pour certains, fichés en bonne et due forme. L'ampleur des agressions du Parc provoque une réaction quasi immédiate du gouvernement. Quelques semaines plus tard, la ministre des Sports Michèle Alliot-Marie dépose une loi préconisant un cadre juridique et répressif (interdiction de pénétrer dans une enceinte sportive en état d'ivresse, interdiction des fumigènes, etc.), qui entrera en vigueur dès décembre 1993. La loi Pasqua un an plus tard complète ce dispositif en portant la responsabilité pénale des incidents sur les dirigeants du club, lequel est désormais également redevable des frais de maintien de l'ordre et de sécurité dans leur ensemble.

Je rencontre des situations compliquées à Lyon, sans comparaison heureusement avec ce qui s'est passé au Parc, les rapports entre les supporters, le club et les forces de l'ordre sont néanmoins tendues et le dialogue entre les trois parties quasi inexistant. Je décide de leur donner un caractère plus officiel et demande au responsable de la sécurité du club, Laurent Toselli, d'organiser une réunion avec quelques supporters présentés comme des leaders. Je vis alors un moment inoubliable, en parfait décalage avec mon quotidien professionnel. Ils sont une dizaine à répondre à son appel dans la salle de réunion du siège, face au stade de Gerland, et je ne mets pas longtemps à cerner le leader en chef, un grand costaud, code civil dans la main droite et la laisse de son chien dans la main gauche.

Calme mais déterminé, il me surprend en affichant dès les premières minutes sa parfaite connaissance des droits et des devoirs des supporters. Il me présente son groupe, les Bad Gones, qui traverse une zone de turbulences mais qui s'appuie sur une organisation structurée, et témoigne comme les autres supporters présents autour de la table d'une passion immodérée pour l'OL. Je découvre de l'intérieur l'univers des fans et je me rends compte que derrière les excès il y a des hommes (et quelques femmes) prêts à donner beaucoup de leur temps et de leur énergie pour soutenir l'équipe, avec un très fort attachement au club, à ses couleurs, à son histoire, à cette notion de « famille OL » qui m'est si chère.

Cette rencontre nourrit ma réflexion et il m'apparaît alors évident que, s'il est primordial de bannir les dérives de quelques-uns, il est parallèlement important d'associer la majorité au développement du club. Je fais partager à mes interlocuteurs mon vécu des événements de mai 1968 en y associant le slogan « Il est interdit d'interdire » postérieur à cette période, mais qu'il symbolise si bien. J'évoque mon expérience d'entrepreneur en relation avec les comités d'entreprise et je prends conscience d'avoir la même approche avec les supporters qu'avec les partenaires sociaux de Cegid. Mon idée est faite, je dois établir puis entretenir une relation directe avec les groupes de supporters, construire avec eux une forme d'alliance avec à la clef des règles claires à suivre. Au terme de cet échange, je me persuade que les supporters sont des partenaires fidèles et, dans le même temps, une force d'opposition avec laquelle je vais devoir compter pour baliser le chemin de la construction de l'OL.

Fort de cette avancée, le club signe une convention avec les groupes de supporters – sans convaincre totalement les forces de l'ordre –, les autorisant, sous réserve d'un comportement conforme, à pénétrer dans le stade avec quelques drapeaux, trois tambours et deux mégaphones, un arsenal ridicule comparé à celui qui sera en usage quelques années plus tard, mais un arsenal historique.

Depuis cette première expérience, je rencontre les différents groupes tous les six mois. C'est à mon sens le meilleur moyen de bâtir quelque chose de solide. Mon implication personnelle dans ce secteur est pleine et entière. Les groupes sont très structurés, mais pour exister vraiment ils doivent échanger avec le patron, sinon ils éprouveront un réel et légitime manque de considération. Je me comporte avec les supporters de l'OL comme avec les forces syndicales dans mon entreprise, à un détail près : côté sport, les rapports sont plus francs et plus directs, exonérés du contexte politique qui parfois impose des postures inappropriées et inattendues. Les supporters sont des passionnés, des bénévoles, le plus souvent de bonne foi, et qui n'aspirent à rien d'autre que vivre leur passion. Une certitude qui ne prémunit pas des périodes troublées ou des soirées compliquées.

Vers la fin des années 90, je connais quelques poussées d'adrénaline au stade de Gerland ou au camp d'entraînement de Tola-Vologe, mais je continue de privilégier la négociation, la concertation et les échanges plutôt que de céder à l'usage de la seule répression pour atténuer les effets de la déception et de la colère. Reconnaître l'existence de groupes de supporters, dialoguer avec eux, leur accorder du temps et de l'importance ne signifie pas leur faire allégeance comme certains esprits chagrins se plaisent à le proclamer au lendemain de chaque dérapage. Accuser ainsi les présidents de club est une ânerie et je pense qu'il faut au contraire se réjouir de leurs actions la plupart du temps. Lorsque les choses sont correctement menées, et j'ai la prétention de dire qu'à Lyon ç'a été souvent le cas, les risques sont limités d'autant, même si, personne ne l'ignore, le risque zéro n'existe pas. Le dialogue n'exclut pas les sanctions, que les services du club appliquent, grâce notamment à l'efficacité du système de vidéo-surveillance du Groupama Stadium, dans les limites de la loi.

Ces relations de réciprocité entretenues au fil des années avec nos supporters ont évité bien des écueils. Lors du centième derby avec Saint-Étienne en 2010 en particulier ou plus récemment en 2017 avant un quart de finale aller d'Europa League. Cette année-là, le 13 avril, nous recevons le Besiktas au Groupama Stadium. Le club a sous-estimé la mobilisation des supporters turcs, qui ont acheté beaucoup de places via Internet, plus de quinze mille réparties dans le stade tout entier. Une légèreté coupable. Preuve, avec le recul, que l'on peut toujours s'améliorer, même dans des domaines où on pense être très organisé.

La cohabitation avec les supporters turcs placés au-dessus de nos groupes dans le virage sud se passe très mal et la situation dégénère, une quinzaine de minutes avant le coup d'envoi de la partie. Plus de deux mille supporters présents dans la zone inférieure de la tribune descendent sur la pelouse pour se protéger des jets de projectiles. La panique peut engendrer des blessures. Les appels au calme du speaker sont d'abord inefficaces, puis la situation en tribune se normalise, garantissant l'intégrité physique des supporters. Reste à sauver le match et surtout à éviter au club de trop lourdes sanctions de l'UEFA.

Je décide de quitter le PC sécurité et je gagne la pelouse. Mon intention est d'expliquer directement aux spectateurs qu'ils peuvent regagner les tribunes, où ils seront désormais protégés. Je m'adresse en priorité aux leaders des groupes de supporters puis à d'autres personnes au hasard pour les rassurer, leur dire que la situation est maîtrisée et que j'irai voir le match à leurs côtés. Petit à petit, mes propos sont partagés par les spectateurs, qui regagnent la tribune dans un climat pesant alors que les forces de l'ordre exfiltrent les fauteurs de troubles. Je m'installe dans le virage sud et les choses retournent à la normale. Je n'ai bien sûr jamais connu pareille situation, mais je fais ce que mon instinct me dicte. À la mi-temps, le calme revenu, je retourne en tribune officielle auprès des représentants de l'UEFA et du Besiktas.

Au fil des années, je note une profonde évolution chez les supporters, qui deviennent de plus en plus pragmatiques. S'ils n'épousent pas forcément le modèle économique du club, sa politique de merchandising par exemple, ils ne la rejettent pas non plus, conscients des ressources nécessaires pour garantir l'équilibre financier. Certains ironisent parfois à propos de la politique de développement de la marque OL mais ils l'accompagnent à défaut de la soutenir. La plupart sont conscients de l'évolution du football, qui réclame constamment de nouvelles ressources.

Quand nous présentons le projet de construire un stade à l'image de ceux de Munich ou de Manchester, et donc de quitter Gerland, les supporters tournent la page avec nostalgie mais sans amertume. Le KVN, Kop Virage Nord, qui rassemble désormais l'ensemble des supporters de cette partie du stade aux côtés des Bad Gones, anticipe la situation en quittant son siège de la route de Vienne à quelques kilomètres de Gerland pour s'installer à proximité du futur stade, témoignant d'une parfaite compréhension de la nouvelle économie du football et de la nécessité d'adaptation qui s'impose aux clubs pour rester compétitifs au plus haut niveau.

La passion pour l'OL et l'amour du football demeurent la priorité des supporters et nourrissent leur quotidien, avec des analyses et des positions qui prennent parfois des dimensions extrêmes. Après la période dorée des années 2000, l'opposition frontale entre l'entraîneur Claude Puel et les supporters en est un exemple que je n'ai pas vu venir. La froideur et les certitudes de Claude accentuent la rupture. La pression des supporters est extrêmement forte, mais je résiste par principe car je n'aime pas ce type d'attaque *ad hominem*. L'histoire se terminera en juin 2011 d'une autre façon avec le licenciement de Claude pour faute grave.

Dans les derniers jours de 2015, je connais sensiblement le même phénomène à la nomination de Bruno Genesio. Une sorte de fronde se met en place avec une pétition « Non à Bruno Genesio entraîneur de l'OL », un rejet de fait, dont les origines m'apparaissent plus capricieuses que fondées. Bruno est un pur Lyonnais, un enfant du club qui a toujours manifesté un profond respect pour l'institution, le rejet n'est donc pas humain comme avec Claude mais dicté par un a priori qui ne lui accorde aucune compétence. Ses résultats sont plutôt bons mais je ne parviendrai jamais à éteindre l'incendie, ce que je regrette vivement. Un titre au palmarès aurait peut-être permis d'inverser une situation que je n'ai pas su contrôler alors que je l'avais sentie s'installer.

Le football français connaît de nouveaux débordements en 2020-2021 dont certains impliquent des supporters lyonnais, mais je ne change pas de philosophie, faite avant tout de dialogue et de confiance.

Je veux bien croire que les clubs et l'OL en particulier puissent avoir une part de responsabilité dans certains incidents, même si nous multiplions nos efforts pour lutter contre toute forme d'excès, mais, comme le disait déjà Michel Denisot en 1993, les clubs ne sauraient résoudre les problèmes à eux seuls.

Les stades sont maintenant équipés de caméras, les forces de sécurité du club sont formées à la gestion des foules et les fauteurs de troubles sont rapidement identifiés. Problème : c'est souvent la justice qui ne suit pas le mouvement. À Lyon, et j'imagine dans d'autres clubs, nous nous y substituons comme nous pouvons en prenant des décisions d'interdiction de stade dans la limite de nos droits et nous portons parfois plainte contre nos propres supporters, mais il est indispensable que l'autorité publique nous assiste et nous accompagne. Des décisions de justice doivent être prises face à certains agissements qui ne doivent pas être considérés à travers le seul prisme du football mais intégrés dans une réflexion sociétale plus globale. Il est urgent que la police et l'administration judiciaire coordonnent leurs efforts afin que les clubs et les instances fédérales ne soient pas toujours en première ligne dans ce type de situation.

20

Le prix du mérite

J'ai toujours considéré qu'il y avait deux types de distinctions, celles qu'octroie le monde du travail à ses meilleurs éléments et celles délivrées par les plus hautes instances de l'État. Pendant longtemps, j'ai apprécié la gratitude qui caractérisait la remise des premières mais n'accordait guère d'importance aux secondes, dont les contours m'étaient plus abstraits. Le temps passant, je me suis rendu compte que l'ordre national du Mérite et la Légion d'honneur étaient en fait beaucoup plus importants que je ne l'imaginais, car ces décorations s'inscrivent dans le temps.

J'ai passé ma vie d'entrepreneur à regarder devant moi, à ne penser qu'à créer et développer mes entreprises, à imaginer le monde de demain, à anticiper. Je me suis bien sûr enrichi de mes échecs comme de mes réussites mais je ne me suis jamais réfugié dans le passé. Les premières distinctions professionnelles que Cegid ou moi avons reçues dans les années 80 représentent donc quelque chose de concret. Elles mettent en lumière la réussite d'une création, l'implication et l'efficacité des collaborateurs, et elles fortifient l'entreprise.

Ces prix ont une réelle valeur à mes yeux car ils sont décernés par des organismes professionnels de l'informatique ou du numérique et ils soulignent qu'en partant d'une start-up, toutes les personnes impliquées dans le projet démontrent un savoir-faire et affichent une détermination qui permettent de développer l'entreprise et même de concurrencer d'autres structures dont certaines historiques. Quand on me décerne un prix de l'entreprise la plus performante, je reconnais que c'est une satisfaction personnelle mais je sais qu'à travers moi qui suis mis à l'honneur, c'est une reconnaissance pour tous ceux qui ont collaboré, pour tous les salariés, et qu'il est important d'y associer tout le monde car c'est l'entreprise qui est récompensée. C'est exactement comme un titre de champion de France de football. Il y a l'entraîneur et son staff, les joueurs et le président qui reçoivent une médaille, mais c'est le club qui est champion. C'est important d'en avoir conscience quand on vous remet le prix en tant que patron.

En 1985, je reçois une première décoration d'État, la médaille de chevalier dans l'ordre national du Mérite. J'apprécie mais ne modifie pas mon point de vue vis-à-vis de ce type de distinction. Cette récompense m'est décernée à la demande de Michel Delebarre, ministre du Travail, de l'Emploi et de la Formation professionnelle, pour féliciter la création, par une start-up et en l'espace de deux ans seulement, de plusieurs centaines d'emplois. J'apprécie le geste à titre collectif mais pas individuel.

Avec l'Olympique lyonnais, mon approche est différente compte tenu de la spécificité du sport de haut niveau. Ma finalité n'est pas de remporter des titres sportifs mais de créer les conditions juridiques et économiques qui permettent de les conquérir, et ce de manière durable voire pérenne. Être champion de France comme dans les années 2000 chez les garçons ou gagner des Ligues des championnes à partir de la décennie suivante chez les filles me procure bien évidemment une joie immense. Je vis ces succès en amoureux du football et de l'Olympique lyonnais. Pourtant, ma satisfaction n'est pas seulement de collectionner les récompenses, mais de mettre en place une structure qui permette de renouveler l'expérience le plus souvent possible. À la tête de l'Olympique lyonnais, je suis un entrepreneur plus qu'un président.

C'est dans les années 2000, lorsque je suis passé de la première étape de ma vie (celle de la création et du développement d'entreprises) à la seconde (la mise en valeur de ce que j'avais créé), que s'est effectuée la bascule. À compter de ce moment-là, les distinctions n'ont plus eu la même signification pour moi. D'une certaine réserve, je suis passé à une totale adhésion. J'ai compris que ces rituels sont des éléments qui participent d'une vie professionnelle. Qu'ils ont plus de valeur symbolique que pratique.

Le 23 octobre 2006, je reçois la Légion d'honneur dans les salons de l'hôtel de ville de Lyon, à la demande de Jean-François Lamour, ministre de la Jeunesse et des Sports. L'émotion est réelle, nouvelle. J'ai demandé comme une évidence à René Ricol de me remettre cette distinction. René est un ami qui m'a aidé à chaque étape de ma vie professionnelle et qui m'a inspiré par son ambition, son efficacité et son charme. Homme exceptionnel, diplômé d'expertise-comptable, il a siégé comme président de toutes les instances professionnelles françaises (Conseil supérieur de l'ordre des experts-comptables, compagnie nationale des commissaires aux comptes) et il a été en 2002 le premier et le seul Français nommé président mondial des experts-comptables. Je suis fier et heureux qu'il me remette cette médaille.

Durant les jours qui précèdent, en préparant le discours que je me dois de faire, je prends conscience de l'importance de l'événement. Mes mots sont différents. Je reviens sur ma vie, ce qui est naturel mais très neuf pour moi, jamais je n'aurais imaginé pouvoir franchir le pas de ce qu'il convient d'appeler une certaine forme d'introspection.

Pour la première fois, j'évoque en public l'absence de ma mère qui s'est réfugiée dans le mur du silence avant de disparaître en 1977. Un drame qui m'obsède à chaque instant. Je sais qu'elle aurait aimé être là et que j'aurais apprécié cette présence comme un signe d'affection qu'elle me portait et qu'elle n'était sans doute pas parvenue à exprimer tout au long de sa maladie. Je pense bien sûr aussi à mon père, à la relation qui s'était instaurée entre nous au cours des dernières années partagées après une période plus difficile. À l'admiration que je ressens par-dessus tout pour l'écrivain, chevalier des Arts et Lettres et chevalier des Palmes académiques.

La pire des choses pour un ambitieux qui a consacré sa vie à un certain nombre de réalisations est précisément de passer inaperçu, car cela signifie que tout ce que l'on a entrepris est passé inaperçu. Je réalise que l'ordre national du Mérite ou la Légion d'honneur ont ajouté à mon crédit d'entrepreneur et j'en suis très heureux. Je l'ai constaté à chaque étape du développement de mes entreprises depuis CEGI : on a besoin de gratitude pour continuer d'entreprendre, vis-à-vis de ses collaborateurs comme de ses partenaires, mais aussi plus pragmatiquement vis-à-vis des institutions ou des banques, sans lesquelles l'aventure s'arrête *de facto*.

Le football ne déroge pas à la règle, mais avec un crédit qu'il est aussi important d'avoir vis-à-vis des supporters et des médias, qui vivent, commentent et jugent le football au quotidien quand le dirigeant, lui, travaille à moyen ou à long terme. Je comprends ce hiatus entre l'immédiateté sur laquelle repose l'analyse sportive et la perspective que demande la construction entrepreneuriale, j'ai néanmoins mis longtemps à accepter que les médias me voient avant tout comme un président de club et non pas comme un entrepreneur.

Les observateurs se polarisent souvent sur l'aspect sportif parce qu'ils aiment le jeu pour le jeu. Or, si le Real, le Bayern, le PSG ou Manchester City sont aujourd'hui ce qu'ils sont, c'est parce que leur modèle repose sur des fonds extérieurs (plus ou moins exotiques) ou sur une construction pas à pas comme c'est le cas à Lyon. Le football est un écosystème dans lequel il y a le jeu mais en amont une entreprise, parfois à créer et toujours à développer, d'où découle tout le reste. Une relation de cause à effet soulignée par le magazine *France Football* le jour où il m'a désigné numéro un des présidents de club français depuis 1945. Cette distinction m'a touché parce que précisément elle prenait en compte tout à la fois l'esprit d'entreprise, la probité et le palmarès.

Je vis un tournant en 2017 en étant nommé officier dans l'ordre national de la Légion d'honneur. J'entre dans ce que je pense être la troisième étape de ma vie professionnelle, ce qui m'incite à en imaginer progressivement la fin, ou en tout cas bien moins que ce que j'ai pu réaliser jusque-là. Comme pour les décorations précédentes, la dernière en 2012 comme officier dans l'ordre national du Mérite, je revis mon parcours, je me tourne vers ce passé si riche en événements et en émotions. Le temps s'arrête. Je regarde ceux que j'aime et qui m'entourent, ma sœur, mon fils et mes petits-enfants, auxquels je commence seulement à consacrer plus de temps. Je réalise un peu mieux que je peux donner du plaisir, du bonheur voire de la noblesse à un certain nombre de gens, même aux plus anonymes d'entre eux.

La cérémonie de remise de cette Légion d'honneur se déroule dans des conditions que je n'aurais jamais imaginées et qui l'inscrivent parmi les événements marquants de ma vie. Le 1er avril 2017 le président de la République François Hollande assiste à la finale de la Coupe de la Ligue qui voit le PSG l'emporter face à Monaco au Groupama Stadium. En quittant le stade, le président Hollande, que j'ai rencontré à quelques reprises mais dont je ne suis pas intime, me fait remarquer qu'il y a déjà plusieurs mois que le Journal officiel a annoncé ma promotion au grade d'officier et que je n'ai toujours pas reçu cette distinction. Puis, avec un sourire malicieux, il propose de me la remettre à l'Élysée, en précisant bien de me dépêcher, le second tour de la présidentielle à laquelle il ne se représentait pas étant fixé au dimanche 7 mai !

Pris par mes occupations professionnelles, je n'avais pas vu d'urgence à organiser cette cérémonie, mais les mots du président Hollande modifient mes priorités. Le 24 avril, au lendemain du premier tour de l'élection présidentielle, il m'offre le privilège de me remettre personnellement cette distinction dans les salons de l'Élysée en présence de quelques proches. J'apprendrai plus tard que les remises de Légion d'honneur à l'Élysée se font plus pour des groupes que pour une seule personne. Jamais je n'aurais rêvé une pareille mise en scène.

Cette journée mémorable pour moi et mes invités est aussi symbolique pour une autre raison. Les médailles d'ordre national du Mérite et de Légion d'honneur que j'ai reçues ont été demandées par des hommes politiques de bords différents sous les présidences de François Mitterrand, Jacques Chirac, Nicolas Sarkozy et François Hollande, ce qui correspond à la vision que j'ai de la politique, le pragmatisme des idées plutôt que la dépendance à un parti. Le passage de Nicolas Sarkozy à la réception que je donne après avoir été honoré par François Hollande en est un autre témoignage. Dans le même ordre d'idée, Marie-Georges Buffet, membre du Parti communiste et donc d'un environnement politique différent de mon quotidien, est probablement la ministre des sports qui m'a le plus marqué parmi les dix-sept que j'ai connus depuis 1987. J'ai apprécié sa détermination à apporter des solutions à tous les problèmes du sport français, y compris dans sa professionnalisation. Je pense que dans un style différent et avec une autre sensibilité politique, Amélie Oudéa-Castera apportera l'intelligence et le pragmatisme que requiert la fonction ministérielle et qu'elle sera une excellente ministre des Sports.

Au fil des ans, mon ressenti a donc changé. Je conserve la même affection pour les honneurs professionnels qui récompensent l'entreprise et les collaborateurs et qui entretiennent la fierté d'appartenance à un projet, mais je pense avoir compris le sens des autres distinctions. Pour un entrepreneur comme moi, l'ordre national du Mérite et la Légion d'honneur font référence à d'autres valeurs, soulignent ce qui m'anime. Entendre celui qui vous remet une distinction dire que vous avez créé des emplois, développé une économie, contribué à la notoriété de votre ville ou apporté du bonheur aux supporters de votre équipe n'a pas d'équivalent.

Le 24 novembre 2022, c'est le président Emmanuel Macron qui m'adresse un courrier à mon domicile sur les quais du Rhône à Lyon pour m'informer qu'il a décidé de me promouvoir au grade de commandeur dans l'ordre national du Mérite en qualité d'entrepreneur et de président de l'Olympique lyonnais. Je découvre sa lettre avec la satisfaction profonde du devoir accompli. Entreprendre c'est imaginer, créer, anticiper, se réinventer, construire, développer, regarder devant soi et penser à demain. C'est ce que je me suis efforcé de faire et Emmanuel Macron est le cinquième président de la République à apprécier le parcours et les valeurs qui l'ont toujours accompagné.

Je ne sais pas si j'aurai le plaisir de recevoir d'autres distinctions car je commence à être âgé, comme on me le répète souvent, mais ces cérémonies sont quoi qu'il en soit gravées dans ma mémoire. Je n'ai jamais cherché la reconnaissance auprès du grand public ou des médias mais j'apprécie d'être aimé et accepte d'être critiqué même si c'est parfois difficile à accepter. J'ai toujours affronté les remises en cause en considérant que c'était un mal à payer pour être pertinent et performant. Je comprends que certaines personnes n'attachent pas d'importance aux récompenses, mais pour moi celles-ci ont un goût bien particulier que j'apprécie.

21

Il n'y a pas que le foot dans la vie

En 1983, j'ai créé un holding à vocation familiale qui prend 66 % du capital de Cegid à sa création, avec l'idée de développer d'autres opérations à l'avenir en fonction des ressources dont je pourrais alors disposer. Ce holding s'appellera ICMI, un acronyme qui associe les quatre mots-clefs de ma stratégie : International, Computer, Management et Information. La réussite très rapide de Cegid offrira à ICMI l'opportunité d'investir comme je l'avais imaginé dans d'autres secteurs d'activité et en premier lieu l'Olympique lyonnais dès 1987. Pour cela, il a d'abord fallu installer et faire grandir Cegid.

Je réalise une première opération intéressante en 1986 en rachetant une société de Bordeaux, Kalamazoo, qui deviendra plus tard Cegid Informatique, puis je crée un an plus tard une filiale Cegid Services, pour accompagner l'évolution de la profession comptable ; toujours en 1987, j'entreprends une croissance externe de grande importance via une OPE (opération publique d'échange) sur CCMC, le plus gros concurrent français de Cegid.

Créée en 1948, CCMC est un poids lourd de l'informatique français, elle réalise quatre fois le chiffre d'affaires de Cegid mais la répartition de son capital offre des possibilités (34,4 % pour la Société Générale qui possède donc la minorité de blocage et 31,4 % pour 8 500 cabinets d'expertise comptable). La Société Générale s'oppose à l'opération et la tentative d'OPE échoue ; Cegid réussit quand même à prendre près de 20 % du capital et démontre ainsi aux 8 500 cabinets français l'existence d'un concurrent crédible. L'histoire va se poursuivre en deux étapes.

Je suis bientôt invité pour ne pas dire convoqué par le président de la Société Générale Marc Viénot. Il m'explique qu'on ne s'attaque pas à une grande dame comme la société CCMC sans avoir vérifié au préalable que son actionnaire de référence était d'accord, et il me fait comprendre qu'il se souviendra de ce qu'il considère comme une « outrecuidance ». Un an plus tard, Olivier Spire, président de la société Concept qu'il a créée en 1984, s'intéresse à son tour à CCMC. La Société Générale change de stratégie et souhaite vendre, mais elle a besoin que Cegid l'accompagne pour que Concept prenne le contrôle de CCMC. Marc Viénot m'appelle avec un tout autre discours que lors de notre entretien précédent. Je vends notre participation avec une très forte plus-value, ce qui permet d'accélérer les investissements et le développement de Cegid. L'OPE ratée se transforme en une opération gagnante pour Cegid, mais j'aurais pu tout perdre si Cegid était éternellement restée bloquée avec ces 20 % de CCMC !

Le dossier rebondit une dernière fois plus de quinze ans plus tard. En 2004, le rapport de force entre Cegid (130 millions d'euros de chiffre d'affaires) et CCMX (92 millions d'euros de chiffre d'affaires) s'est inversé au fil des années. CCMC devenue entre-temps CCMX est alors détenue par Apax Partners et Eurazeo, qui sont vendeurs. Cegid rachète leurs parts au terme de longues négociations que je finalise pendant l'Euro disputé au Portugal, auquel j'assiste avec mon ami Jean-Paul Revillon. Je fais plusieurs allers-retours et le 23 juin 2004 Cegid devient potentiellement numéro un français de l'édition de progiciels de gestion pour les entreprises et le premier éditeur français à accéder à l'une des cinq premières places du marché européen de l'informatique de gestion à destination du *middle market*, jusqu'alors dominé exclusivement par des éditeurs étrangers.

Cette position de Cegid devenue de très loin le numéro un sur ce secteur d'activité pose un nouveau problème. Le ministère de l'Économie et des Finances valide l'opération le 19 octobre 2004 mais le 19 mai 2005 une ordonnance du juge des référés du Conseil d'État la suspend en invoquant une éventuelle atteinte au libre jeu de la concurrence. Un incroyable combat juridique débute, pour lequel je change d'avocat. Le 14 décembre 2005, le Conseil de la concurrence répond que l'opération de rachat ne porte pas atteinte à la concurrence et enfin le 13 février 2006 le Conseil d'État entérine définitivement le rachat de CCMX.

Cegid va poursuivre son développement en rachetant plus de trente entreprises externes et en créant de nouvelles filiales dans des secteurs d'activité différents. L'entreprise se lance par exemple un énorme défi en créant en 1994 Expert & Finances pour faire de la gestion de patrimoine sous l'impulsion d'un entrepreneur formidable, Jacques Bouhana, dans un secteur que je ne connais pas mais que lui-même maîtrise à merveille. La structure se développe de façon très importante, gérant jusqu'à près d'un milliard d'actifs, avant d'être vendue à Generali en 2000.

Dans le même temps, Cegid s'implante de plus en plus à l'international, qui constitue un axe essentiel de sa stratégie de développement. Ses solutions sont déployées dans plus de soixante-quinze pays et le groupe complète le dispositif en créant à partir de 2000 des filiales aux États-Unis, en Italie, au Royaume-Uni, en Espagne, au Portugal, aux Émirats arabes unis, en Russie, au Brésil, en Chine, au Japon puis au Maroc et en Côte d'Ivoire.

Le groupe recherche de nouveaux partenaires financiers dans une logique de développement et imagine un partenariat industriel avec un groupe d'assurance pour proposer de nouveaux services, notamment aux experts-comptables. En 2007, le contact est établi avec Groupama qui souhaite élargir son offre. ICMI cède une partie de sa participation dans Cegid à Groupama, qui entre ainsi au capital à hauteur de 17 % et renforce un an plus tard sa participation, à 23 %. Groupama aurait pu continuer de monter au capital et racheter Cegid mais le groupe traverse une période plus compliquée en 2012 et je rachète une partie de sa participation.

Le chiffre d'affaires de Cegid atteint les 250 millions d'euros à la fin des années 2010 et le groupe emploie désormais plus de deux mille collaborateurs. En 2013, Cegid fait une nouvelle fois preuve d'innovation et de réactivité en étant précurseur dans le domaine du cloud, qui permet via les réseaux de communiquer directement avec des centres de traitement gérant des milliers d'informations en même temps. En partenariat avec IBM, Cegid développe cette technologie innovante et perpétue son image novatrice. En 2015, l'entreprise se fait connaître un peu plus aux États-Unis en rachetant la société californienne JDS Solutions, éditeur de logiciels spécialisé dans le retail, la distribution en boutique. Il faut apprendre à gérer et à intégrer à distance une nouvelle équipe, ce qui consomme beaucoup de ressources et d'énergie. Le succès est très correct sans être foudroyant mais l'opération et la présence de « petits Français » sur le marché américain des nouvelles technologies suscitent là-bas quelque curiosité.

Je goûte un moment très fort de ma carrière d'entrepreneur quelques mois plus tard quand le fonds américain Silver Lake s'intéresse à Cegid puis entre en négociation pour racheter l'entreprise que j'ai créée en 1983. Je n'imagine alors pas céder ce qui me tient à cœur mais Patrick Bertrand, le directeur général, est convaincu que ce sera de plus en plus difficile de lutter face aux mastodontes américains. Nous sommes en 2016, le Groupama Stadium vient d'être inauguré et le développement d'OL Groupe m'accapare de plus en plus. Je m'étais toujours dit qu'un entrepreneur devait savoir vendre, alors, au bout du compte, je saisis l'occasion pour céder Cegid à Silver Lake, le fonds américain le plus important en matière de technologie. C'est assurément la bonne décision et le bon timing mais on ne cède pas l'entreprise qu'on a créée et développée pendant plus de trente sans une profonde émotion.

Je m'entends parfaitement avec l'un des six associés du fonds qui dirige l'opération, Christian Lucas, avec lequel j'ai toujours plaisir à collaborer en tant que président désormais non opérationnel. Cette cession est une réussite pour Cegid, qui va dépasser cinq ans plus tard les 700 millions d'euros de chiffre d'affaires et employer trois mille personnes. C'est aussi un exemple probant de fonds capable d'exploiter le savoir-faire et l'acquis d'une entreprise et de les optimiser avec un important potentiel d'investissement.

L'activité d'ICMI se structure au fil des années et des opérations financières. Je réalise une des premières mises de fond avec un autre entrepreneur lyonnais, Paul Billon, en achetant en 1989 un centre de fitness lyonnais, le Club 6, à Marc Lefebvre qui reprendra trois ans plus tard avec Francis Allimant le club de basket de l'ASVEL en grande difficulté. Nous revendons le Club 6 en 1997 au Gymnase Club, filiale de la Générale des eaux, pour une opération plus fructueuse que la suivante en 1990 avec la maison lyonnaise de couture et prêt-à-porter féminin Clémentine.

Cette société est animée par un créateur de talent, Max Chaoul, en quête d'un partenaire financier pour normaliser la bonne marche de l'entreprise et se développer à l'international. ICMI prend 75 % de Clémentine dans un investissement « coup de cœur », mais après un très bon premier exercice, la situation financière se dégrade et en 1993 je dois pour la première fois de ma vie aller au tribunal de commerce solder mes comptes, et ceux de Max Chaoul. Je réaliserai une autre opération « coup de cœur » en 2008 en apportant mon concours au chef cuisinier Jean-Christophe Ansanay, propriétaire d'un restaurant étoilé à Lyon sur l'île Barbe et qui voulait ouvrir un autre établissement à Londres. L'opération est un succès gastronomique avec une étoile Michelin décrochée six mois seulement après l'ouverture de l'Ambassade de l'Île en avril 2008, mais la gestion est plus compliquée. Je reprends mon indépendance et transforme l'établissement en une brasserie, le Bistrot K, que mon fils Alexandre qui avait rejoint ICMI en 2011 revendra à des Japonais.

ICMI va également apporter sa contribution à titre de service dans un petit restaurant situé dans le centre de Lyon et que Clovis Cornillac avait dans son environnement familial. Clovis est un ami depuis notre première rencontre à Cannes au début des années 2000. En plus d'être un acteur remarquable, depuis quelques années un brillant réalisateur, il est un inconditionnel de l'OL et de sa ville de Lyon, mais pour moi c'est avant tout un homme de valeurs auxquelles il ne déroge pas. Il n'a par exemple pas regardé la Coupe du monde au Qatar par principe en pensant à ses enfants, car il veut donner un sens aux choses. J'échange beaucoup avec lui sur des sujets d'actualité et sociétaux. Je l'écoute avec attention, j'aime sa vision des choses basée sur de réelles connaissances. J'apprécie sa sincérité, sa sagesse, le recul avec lequel il appréhende tous les types de situations et sa faculté à contenir sa passion. C'est bien plus qu'un ami.

Nos discussions me replongent dans celles de mon père avec ses amis auxquelles j'assistais enfant. Des artistes comme Clovis, le poète, écrivain et ténor Ismaël Billy ou le pensionnaire de la Comédie-Française Jérémy Lopez, que j'ai la chance de connaître, savent exprimer leur point de vue avec conviction, écoute et une sensibilité qui tend toujours à enrichir l'échange. Ils débattent sans jamais faire de leur opinion une vérité absolue. Leurs parcours sont d'autant plus remarquables qu'ils n'ont pas toujours été linéaires. J'apprécie également leur ténacité et leur détermination.

Le premier investissement très structuré, mis à part celui de l'Olympique lyonnais, et complètement en phase avec ce que je souhaitais faire d'ICMI a lieu en 2009 et reste à mes yeux un cas d'école. Je suis invité en 2007 par HEC pour intervenir devant une promotion de master création d'entreprise à Jouy-en-Josas. J'adore ce type d'expérience que j'accepte toujours quand mon emploi du temps me le permet. Je pense qu'on peut aider les jeunes étudiants et futurs entrepreneurs en leur donnant confiance et en leur expliquant qu'il ne faut pas être forcément programmé pour entreprendre. Dans ces circonstances je pense toujours à mes parents qui seraient fiers de me savoir invité pour ces motifs, eux qui espéraient me voir faire de longues et brillantes études. Parallèlement je me souviens aussi de mon début de carrière, quand j'étais parfois complexé à l'idée de rencontrer des chefs d'entreprise diplômés des plus grandes écoles comme Polytechnique, HEC ou les Mines alors que je m'étais arrêté après mon BTS.

Parmi les étudiants qui viennent prolonger la discussion après mon intervention, je retrouve Pierre Guirard que j'ai connu en 2000 comme directeur marketing de Continental, alors partenaire de l'Olympique lyonnais. Pierre m'explique qu'il suit ce master avec l'objectif de créer son entreprise, dont le concept est de proposer des solutions digitales pour l'achat de pneumatiques. Son projet m'emballe et, quand il passe à l'acte en créant WYZ Group en 2009, je l'accompagne d'abord à titre personnel puis rapidement avec ICMI. WYZ Group se développe très bien, avec un chiffre d'affaires qui dépasse les 50 millions d'euros en 2020 puis les 110 millions d'euros en 2021. Pierre voulait devenir entrepreneur. Il s'en est donné les moyens et réussit formidablement. J'aime son parcours et j'apprécie sa réussite.

À la suite de la cession de Cegid à Silver Lake et pour symboliser notre envie, à Alexandre mon fils et à moi, de participer au développement de start-up, ICMI change de nom en 2018 et devient Holnest. Nous concentrons désormais nos investissements dans les secteurs d'activité dont le développement peut être accéléré via le numérique. Nous nous félicitons aussi d'être des acteurs auprès des start-up. « Des entrepreneurs pour des entrepreneurs » est d'ailleurs le slogan d'Holnest, la *baseline* diraient les agences de communication. Patrick Bertrand qui nous accompagne, mon fils Alexandre même s'il est encore jeune et moi, nous apportons notre expérience.

Holnest ambitionne d'être le fer de lance de l'innovation et compte une trentaine de participations dans des start-up, principalement dans le digital et la high-tech. J'ai toujours eu le souhait d'entreprendre et de réussir dans des domaines différents de ce que les Américains réussissent très bien à faire. Le point le plus difficile quand on est entrepreneur n'est pas de créer, de développer et de réussir mais de sortir au bon moment et de continuer d'innover directement ou non. J'ai vécu deux vies fantastiques avec Cegid et l'OL, Holnest m'apporte maintenant cette diversité d'activités, ce que j'apprécie par-dessus tout. Dans Holnest je ne suis pas impliqué au quotidien, ce que fait très bien Alexandre en lien avec Patrick, mais j'interviens de façon stratégique et je valide les orientations et les investissements importants. La transmission est essentielle à mes yeux, et j'ai toujours plaisir à conseiller et à aider de jeunes entrepreneurs.

Depuis trois ans, Holnest travaille sur un projet ambitieux marqué du sceau de la transmission et développé à partir des ingrédients qui ont animé ma vie d'entrepreneur, l'ingéniosité, l'innovation, la technologie, l'audace et la ténacité. Ce projet porté par la société Embassair, dont les fondateurs sont Franklin Devaux, Michel Reybier et moi-même, consiste en la conception d'aérogares « intelligentes » pour l'aviation privée, qui permettent d'assurer la sécurité, la protection et la confidentialité des passagers, des équipages et des avions.

Le concept a été développé par mon ami Franklin Devaux mais le projet est mis en œuvre par son fils Franck et par le mien Alexandre qui, tous deux, se complètent admirablement. Les choix stratégiques et technologiques sont faits par les pères mais la réalisation l'est par les fils. Franklin et moi sommes très fiers de cette opération.

Franklin est un entrepreneur génial et éternel inventeur que j'ai connu en 1973 lorsque nous dirigions tous les deux des filiales du groupe Sligos. Nous nous voyons peu mais nous sommes toujours là l'un pour l'autre, une amitié fraternelle profonde et sans faille. Franklin a longtemps développé une société, Axys, spécialisée dans les moyens de paiement, et il s'est caractérisé par le génie de ses idées, en étant le premier à fabriquer des chèques à partir d'un ordinateur avec impression de caractères magnétiques pour lecture automatique, en inventant la carte Vitale ou la valise de transport de fonds sécurisée qui s'autodégrade avec de l'encre quand elle est ouverte par effraction ! Franklin est aussi un fan d'aviation, qu'il a appris à connaître et à aimer en dévorant tout jeune des livres sur la vie des pilotes de l'Aéropostale, Guillaumet, Mermoz ou Saint-Exupéry. Il part du constat que l'aviation d'affaires ne s'est pas remise en question au cours des dernières décennies et il a cherché à comprendre comment les nouvelles technologies et l'intelligence artificielle pouvaient répondre aux besoins de sécurité absolue de ce secteur d'activité. Son expertise, ses solutions technologiques et ses brevets permettront d'inaugurer dans un proche avenir une première aérogare de ce type. Ces innovations intéressent les douanes américaines, qui ont décidé de s'installer dans notre aérogare dans le cadre d'un accord sur un échange de savoir-faire, ce qui facilitera et accélérera les procédures d'entrée et de sortie du territoire des futurs passagers.

Les États-Unis représentent à eux seuls 70 % du marché mondial, mais le projet très novateur d'Embassair a été difficile à mettre en œuvre car il a d'abord fallu convaincre le comté de Miami, qui a la responsabilité des aéroports et des transports aériens dans ce secteur. Nous avons obtenu cette autorisation, le *lease*, quatre mois avant le début de la pandémie du Covid, ce qui a considérablement compliqué l'opération. Après celui de l'OL, cet investissement est le plus important réalisé par Holnest. Heureusement, Embassair a résisté, conforté par Aéroports de Paris (ADP), qui est entré au capital de façon minoritaire. Alexandre et Franck ont maintenu le cap et développé ce projet, une aventure passionnante et unique avec un concept innovant dans un pays où le monde de la technologie aéronautique avancée est de très haut niveau. Enfin, après quatre ans d'efforts, d'angoisse et de prise d'initiative, les premiers avions d'affaires se posent le 21 janvier 2023 « chez nous » sur l'aéroport de Miami Opa Locka. Pour Franklin comme pour moi, quelle fierté de pouvoir ainsi transmettre à son propre fils !

22

Longue vie à l'entreprise

J'ai toujours pensé qu'un entrepreneur devait préparer sa succession pour assurer la pérennité de son entreprise, qu'il devait savoir la céder et que je n'échapperais pas à cette règle y compris pour l'Olympique lyonnais. Je le savais, j'avais parfaitement intégré cette réalité, mais celle-ci ne m'occupait pas l'esprit outre mesure. Je n'avais pas le moins du monde imaginé le contexte qui pourrait me décider à vendre et je ne m'étais même pas fixé d'échéance. Ma seule préoccupation a toujours été de développer mes entreprises, de définir des stratégies et d'atteindre les objectifs successifs que je détermine.

Le football avec la passion et la médiatisation qui le caractérisent étant ce qu'il est, les questions se sont faites de plus en plus pressantes ces dernières années. Posées par les journalistes mais aussi par les supporters s'inquiétant de savoir ce qui se passerait le jour où j'arrêterais. J'entendais ces interrogations et comprenais parfaitement ce qu'elles recouvraient : en attendant l'échéance, serais-je disposé à poursuivre suffisamment le développement du club pour que sa pérennité ne soit pas remise en cause le jour fatidique ?

Lorsque j'ai cédé Cegid en 2016, je n'avais pas programmé la fin de mon histoire avec elle. En l'occurrence ce n'était pas la vente qui m'intéressait mais la perspective qui s'offrirait à la société que j'ai créée en 1983 de se développer plus avant grâce à une autre puissance financière, et donc de faire face à la concurrence d'autres grands groupes internationaux. Une conjonction d'éléments transforme souvent une simple proposition en opportunité, encore faut-il savoir la saisir. L'histoire va être sensiblement la même avec l'Olympique lyonnais et OL Groupe dont John Textor est devenu propriétaire en décembre 2022.

Depuis une vingtaine d'années, je suis régulièrement sollicité par des investisseurs étrangers qui suivent l'évolution de l'Olympique lyonnais et s'intéressent à son modèle économique. Le projet de construction du stade puis sa réalisation et son financement par OL Groupe concourent à cet intérêt, mais ces investisseurs potentiels veulent prendre la majorité tout de suite, ce que je refuse. Je souhaite continuer de développer ma stratégie et quand il faut recapitaliser pour renforcer les fonds propres, je fais en sorte de bénéficier de ressources complémentaires sans perdre le contrôle. Ce fut le cas quand IDG est entré au capital à hauteur de 20 % en 2016 pour un montant déjà très significatif de 100 millions d'euros.

En mai 2020, un fonds d'investissement américain référent dans le sport aux États-Unis manifeste à son tour un fort intérêt pour OL Groupe. Avec Thierry Sauvage, le directeur général de l'OL, nous échangeons à plusieurs reprises avec eux en travaillant sur deux axes, une éventuelle entrée au capital et surtout le financement de l'Arena, nouvelle salle multifonction que nous avons le projet de construire à côté du Groupama Stadium. Problème : la solution proposée s'avérera trop chère. Pendant la période du confinement, au printemps 2021, qui laisse présager de lourdes conséquences économiques, nous réfléchissons plus concrètement à une augmentation de capital d'OL Groupe, que nous fixons à hauteur de 86 millions d'euros, ce qui intéresse ce fonds plutôt enclin à des prises de participation minoritaire. Quelques mois plus tard, en novembre 2021, le fonds chinois IDG nous informe vouloir céder 40 % de sa participation et le fonds américain avec lequel nous travaillons propose de reprendre cette participation tout en assurant l'augmentation de capital de 86 millions.

Un premier hiatus se crée alors dans la relation avec Pathé, notre partenaire historique, qui essaye de mettre en cause le bien-fondé du dossier de l'Arena, ce qui m'affecte profondément et que j'ai toujours du mal à accepter. Heureusement les membres du conseil d'administration non issus de Pathé me suivent à l'unanimité de manière permanente et bienveillante, ce dont je leur suis reconnaissant. Les travaux de l'Arena ont débuté en janvier 2022 et je ne comprends pas pourquoi Pathé ne veut plus participer à son financement, que nous bouclerons malgré tout en mai 2022 grâce à ma structure familiale Holnest et avec le concours significatif de Gilbert Giorgi, du groupe Vicat présidé par Guy Sidos et de la société LDLC des frères Laurent et Olivier de la Clergerie.

L'entrée du fonds américain au capital de l'OL, qui est alors envisagée, me semble une bonne solution car elle permettrait de poursuivre la stratégie du groupe avec un nouvel entrant minoritaire qui viendrait consolider les fonds propres et donner des possibilités pour être concurrentiel dans le contexte inflationniste du football.

Le mercredi 9 mars 2022, je suis à Porto où l'équipe de Peter Bosz dispute le match aller des huitièmes de finale de l'Europa League, quand dans la matinée Pathé et IDG annoncent dans un communiqué de presse commun leur intention de céder cent pour cent de leurs participations dans OL Groupe, en précisant que chacun des deux groupes avait engagé la banque américaine Raine, spécialisée dans le secteur des médias et du sport, pour trouver un repreneur.

Quelques années auparavant, Jérôme Seydoux, le patron de Pathé, avait déjà envisagé de se désengager d'OL Groupe, mais en partie seulement, et il avait cherché un repreneur sans que l'opération puisse se réaliser. La grande différence, c'est qu'il m'en avait informé à l'avance alors que cette fois-ci je suis mis publiquement devant le fait accompli. J'ignore si cette décision est liée uniquement à la crise du Covid et ses lourdes conséquences sur le secteur cinématographique, production et distribution comprises, mais elle m'incite à réfléchir à une cession partielle ou totale de ma participation.

Quand Pathé et IDG font cette annonce je me trouve face à un choix : soit je fais front en restant seul, soit je prépare le futur en participant à l'arrivée d'un nouvel investisseur qui confortera l'avenir de l'OL dans un monde du football dont l'évolution récente m'inquiète, en particulier pour mon club. Après mûre réflexion avec l'équipe de direction et sachant que mon fils Alexandre ne veut pas culturellement comme sociologiquement prendre ma suite parce qu'il veut développer son propre projet à la tête du holding familial, j'envisage, à quelques jours de fêter mes soixante-treize ans, que l'OL sera plus fort si je vends une partie significative de ma participation à un investisseur puissant tout en gardant le pouvoir opérationnel pendant près de trois ans.

Depuis quelques années, l'écosystème du football a été bouleversé. En acceptant l'achat des clubs de Manchester City par Abou Dabi en 2008, du PSG par le Qatar en 2011 et de Newcastle par l'Arabie saoudite en 2021, notre sport est entré dans une spirale infernale d'inflation en matière de masse salariale. En France, le rapport de budget est aujourd'hui de l'ordre d'un à trois voire quatre entre les clubs importants comme l'OL et le PSG. À titre de comparaison, le différentiel n'était que d'une trentaine de pour cent quand dans les années 2000 l'OL dominait le football français sportivement et économiquement tout en produisant ses propres richesses.

Les aléas sportifs et les bonnes inspirations de certains clubs permettent des coups d'éclat ponctuels au niveau national, comme pour Montpellier en 2012, Monaco en 2017 et Lille en 2021, mais la puissance financière du PSG est inatteignable sur la durée et surtout elle lui garantit une des deux seules places aujourd'hui directement qualificatives pour la Champions League, l'autre carburant des clubs de Ligue 1 avec les droits TV.

La Ligue professionnelle et Vincent Labrune son président viennent de donner une chance au football français de s'en sortir en créant une société commerciale dans laquelle le fonds d'investissement CVC a pris une participation de 13 % en apportant 1,5 milliard d'euros au football français. L'opération est fantastique, mais elle ne sera efficace que si les droits TV évoluent à la hauteur de l'ambition de CVC, donc si le championnat devient assez compétitif et attractif.

L'arrivée de CVC est une respiration, un ballon d'oxygène pour le football français, mais il ne règle pas le problème structurel.

Je suis présent dans les instances et j'ai ma part de responsabilité car je n'arrive pas à faire prendre conscience de cette situation, mais une chose est certaine, il faudra trouver des solutions pour éviter l'explosion. Le salut peut passer par l'arrivée d'entrepreneurs privés comme Frank McCourt à Marseille et Jim Ratcliffe d'Ineos à Nice, ou par une autre forme avec l'engagement de l'oligarque russe Dmitri Rybolovlev à Monaco et sa spécificité fiscale d'autant plus importante compte tenu de l'évolution des rémunérations dans le football.

Je me résous donc à penser que la position d'IDG et de Pathé offre indirectement une belle opportunité à l'Olympique lyonnais de bénéficier de l'arrivée d'un investisseur privé important pour assurer son avenir au plus haut niveau, et j'accepte le principe de vendre au moins une partie de ma participation à cet investisseur, qui reprendrait ainsi une partie ou l'intégralité du capital. La banque Raine chargée par IDG et Pathé de trouver des repreneurs nous présente tour à tour six candidats, que nous recevons les uns après les autres sur une durée de trois mois à la faveur de *management presentations* spécifiques comme cela se pratique dans le cadre de la vente d'une entreprise classique. Avec le directeur général Thierry Sauvage et le directeur de la stratégie du groupe Harry Moyal, j'expose à chaque candidat et en présence des représentants de la banque Raine l'entreprise OL Groupe, son organisation, sa structure, sa situation financière, ses actifs, sa stratégie.

Le modèle développé par OL Groupe plaît aux investisseurs et en particulier aux groupes américains, intéressés à la fois par l'activité centrale et par les développements périphériques, par le football (masculin et féminin), mais aussi l'Academy, les infrastructures (Stadium et Arena), l'équipe de basket, la franchise d'OL Reign, etc.

Nous recevons chaque candidat plusieurs fois pendant trois ou quatre heures. Il y a des investisseurs américains, canadiens, français et un groupe soutenu par un fonds souverain d'un pays du Golfe. Trois noms ont été médiatisés : John Textor déjà actionnaire de trois autres clubs, Botafogo au Brésil, Crystal Palace en Angleterre et Molenbeek en Belgique ; Iconic Sports actionnaire de la franchise des Bucks de Milwaukee, représenté par l'ancien international italien Gianluca Vialli qui décédera malheureusement quelques mois plus tard ; Foster Gillett, fort de son expérience dans le hockey avec les Canadiens de Montréal, le football à Liverpool et la course automobile avec une écurie de Nascar.

Au terme des auditions, nous retenons deux dossiers avec la banque Raine, celui de Foster Gillett et celui de John Textor, qui souhaitent tous les deux prendre l'intégralité du capital et que je reste quelques années à la présidence du club.

La décision finale est prise à la demande de Thomas Riboud-Seydoux, fils adoptif de Jérôme Seydoux, qui représente alors Pathé au conseil d'administration d'OL Groupe et avec lequel j'ai toujours entretenu d'excellentes relations. Thomas choisit et impose John Textor. J'accepte sa préférence et, le 20 juin, OL Groupe annonce qu'Holnest, Pathé et IDG sont entrés en négociations exclusives avec le groupe de John Textor, Eagle Football Holdings, en vue de l'acquisition d'une participation majoritaire dans OL Groupe. Quinze jours plus tard, Thomas Riboud-Seydoux démissionne à la surprise de tout le monde du conseil d'administration d'OL Groupe et de Pathé pour des raisons inexpliquées et que personne ne comprend. Plus jamais Jérôme ne me parlera de Thomas qui semble à cet instant avoir disparu de la vie de l'OL mais aussi peut-être de celle de Pathé.

À dater de ce 20 juin 2022 s'ouvre une période très difficile pour moi et pour Thierry Sauvage, Emmanuelle Sarrabay la directrice financière, Harry Moyal et Vincent Ponsot directement impliqués dans les négociations, le personnel et les supporters de l'OL. La première date identifiée pour signer le deal est le 31 juillet mais l'opération ne pourra pas être réalisée comme envisagée. La deuxième date imaginée elle aussi dès l'origine est le 30 septembre et là aussi l'opération ne pourra pas être finalisée. Il y aura ensuite plusieurs reports successifs et beaucoup d'adaptations au deal initial. John avait le projet de financer l'opération avec l'industriel américain Bill Foley qui s'est ensuite retiré pour rejoindre les clubs de Bournemouth et de Lorient, puis il a trouvé la solution en relation avec trois groupes d'investisseurs, Ares le premier fond financier américain spécialisé dans le domaine sportif, Iconic Sports fond italo-américain qui s'était porté candidat et que nous avions reçu dans le cadre des *management presentations* avec la banque Raine, avec à l'intérieur des investisseurs importants comme Jamie Dinan un des propriétaires de l'équipe de basket de Milwauquee Bucks champion NBA 2021 et le fond américain Elmwood Partners.

Le calendrier dérape donc pour plusieurs raisons techniques : le dollar qui baisse dans sa parité avec l'euro alors que le prix de cession est fixé en euro, l'inflation qui conduit à une hausse très importante des taux d'intérêt, la discussion avec le pool bancaire des treize banques de l'OL qui conduit à une exigence nouvelle, à savoir le remboursement de 50 millions d'euros sur le financement initial du stade, et enfin la demande de 30 millions de livres supplémentaires d'investissement du club de Cristal Palace qui doit rejoindre Botafogo, Molenbeek et l'OL dans la holding Eagle Football. Le deal déjà valorisé à l'origine de façon très importante dépasse finalement d'environ 130 millions d'euros le projet initial.

La négociation va se poursuivre pendant de longues semaines éprouvantes, de jour en jour et de nuit en nuit compte tenu du décalage horaire avec Miami où résident John et une partie de ses avocats. Il faut *in fine* imaginer un rapprochement entre John et moi-même pour arriver à ce que l'opération se boucle enfin le 19 décembre. L'opération est exceptionnelle car le prix retenu de 3 euros l'action valorise le club en valeur d'entreprise au prix de 800 millions d'euros auquel il faut ajouter l'augmentation de capital de 86 millions d'euros qui va permettre à l'OL de continuer à investir d'où une valeur totale de l'opération de 886 millions d'euros.

Tout au long de ces négociations, je dois en permanence apporter toutes les précisions possibles et rassurer le comité de direction et l'ensemble des cinq cents collaborateurs du club ainsi que les clubs de supporters avec lesquels j'entretiens des relations suivies depuis près de trente ans et je dois parallèlement régler les relations qui vont s'achever avec Pathé et IDG. Je crains par moments que l'opération ne se finalise pas même si les difficultés et les reports de closing sont inhérents aux opérations de cette importance. Ces cinq ou six mois ont été très certainement parmi les plus intenses de ma vie d'entrepreneur, les plus difficiles et les plus consommateurs d'énergie, d'intensité de travail et de force de persuasion.

Le 19 décembre puis le 21 avec l'Assemblée Générale qui entérine ces mouvements, la cession d'OL Groupe à John Textor est actée et l'OL franchit une étape considérable pour son positionnement dans ce qui est devenu le nouveau monde du football des clubs avec l'arrivée de nations comme le Qatar, les Émirats arabes unis ou l'Arabie saoudite qui investissent toujours plus.

23

Un nouvel équilibre

Depuis ce 23 juin 1969 et la fameuse émancipation qui m'a ouvert les portes de l'entrepreneuriat, mon parcours est un rêve tout éveillé. Quand je me retourne sur ces cinquante-trois années, je reconnais être un peu surpris par ce que j'ai pu réaliser car je n'étais pas destiné à goûter une pareille aventure, a fortiori dans des domaines aussi différents les uns des autres. J'ai eu de l'imagination, quelques idées, beaucoup de conviction mais aussi des doutes et des incertitudes que je me suis toujours efforcé de maîtriser en particulier en me remettant constamment en cause.

J'ai créé et développé avec l'envie d'innover, avec l'ambition de construire sur le long terme et avec l'idée toujours ancrée en moi que faire fausse route ne pouvait pas être envisageable. Plus j'ai avancé dans la vie et plus j'ai eu cette inquiétude parfois proche de l'angoisse que quelque chose pourrait tout bouleverser. J'ai connu des entrepreneurs partis de rien comme moi dont les trajectoires se sont transformées en galère voire en cauchemar pour leurs entreprises comme pour eux. Pour éviter pareilles mésaventures, je me suis donc toujours évertué à être positif et à consacrer autant d'efforts à assurer la pérennité de mes entreprises et de leurs salariés que je n'en avais consacré à les créer et à les construire. Ceci explique par exemple pourquoi dans ce secteur si particulier qu'est le football professionnel, j'ai commencé par asseoir le développement de l'OL sur la constitution d'actifs pour que le club surmonte au mieux les aléas qui sont le propre de toutes compétitions sportives.

La cession de Cegid en 2016 puis celle de l'OL fin 2022 m'ont ainsi procuré des sentiments de soulagement, de satisfaction et de fierté mêlés. En voyant, au fil des années, Cegid et l'OL se développer, j'ai pris conscience de l'impérieuse nécessité de me séparer à un moment ou à un autre de ces deux entreprises. Les secteurs sont radicalement différents mais la problématique est la même : assurer la compétitivité dans un monde en constante évolution. Cegid avait besoin de se doter de moyens complémentaires pour financer sa croissance, notamment à l'international, et l'OL de nouvelles ressources pour rester en course dans un football de plus en plus « survitaminé ».

J'ai craint, ici et là, de ne pas réussir l'examen de passage de la cession et de voir se dilapider en un claquement de doigts tous les efforts accumulés jusque-là. Réussir ces cessions et arriver à doter mes entreprises de nouveaux atouts pour prolonger leur trajectoire est devenu au fil des années une quasi-obsession.

Je suis aujourd'hui soulagé car Cegid qui aurait pu s'essouffler sans l'apport de Silverlake a pris une nouvelle dimension et je pense également qu'avec Eagle Football, l'OL peut retrouver une place de choix en Europe dès qu'il aura digéré le passage compliqué de ce début des années 2020 qui, à mes yeux, s'apparente, au pire, à une crise de croissance.

Depuis une quinzaine d'années, le football des clubs est entré dans une nouvelle ère. Il a d'abord été le jouet de la hausse exponentielle des droits télévisés (même s'il convient néanmoins de relativiser quelque peu compte tenu de la très grande disparité des montants d'un pays à un autre). Mais il a essentiellement été marqué par l'arrivée au capital de certains clubs d'États (du golfe et de la péninsule arabique essentiellement) aux moyens illimités qui ont bousculé le fair-play financier instauré par Michel Platini en 2011 sur le principe simple mais tellement rationnel du « ne-dépenser-que-ce-que-l'on-génère ».

Dès lors, les prises de participation de fonds d'investissement se sont multipliées dans les autres clubs qui espèrent ainsi rester concurrentiels mais il faut bien avoir conscience que le football aborde un virage dangereux pour son existence ou du moins pour le modèle économique qu'il préconise depuis maintenant de trop nombreuses années. Je trouve d'ailleurs intéressant de faire un parallèle entre l'évolution des clubs et la dernière Coupe du monde organisée au Qatar fin 2022. En l'occurrence, je ne fais pas référence aux nombreux problèmes qui ont été légitimement soulevés à propos de l'impact écologique de cette compétition ou du respect des droits de l'homme dans cette partie du monde, mais de l'aspect purement financier de cet événement hors norme.

Si j'en crois la presse, le Qatar aurait dépensé plus de deux cents milliards de dollars pour organiser cette Coupe du monde alors que la Russie avait déboursé un peu moins de douze milliards de dollars quatre ans plus tôt. La Coupe du monde 2022 a été parfaitement réussie avec des stades magnifiques et une logistique parfaite, mais grâce à des moyens illimités en établissant du même coup un référentiel très haut de gamme qui impose une obligation de faire (au moins) aussi bien à l'avenir. Au point que l'on est en droit de se demander si les prochains pays organisateurs seront capables d'assumer seuls les futures compétitions internationales (Coupe du monde de football ou jeux Olympiques).

Cette évolution m'inquiète et je suis par conséquent soulagé d'avoir trouvé les bons partenaires pour assurer la pérennité de Cegid et de l'OL dans ce contexte si particulier. Je crois pouvoir dire sans prétention que je suis très fier de ce que j'ai pu accomplir avec ceux qui m'ont accompagné durant ces longues années.

J'aime profondément entreprendre, imaginer des solutions, les penser, les modeler, créer les conditions pour qu'elles puissent aboutir puis voir au fil du temps que ce qui n'était qu'une simple idée sans forcément beaucoup de certitudes devient une réalisation parfois incroyable. J'ai eu la chance de vivre cette expérience exceptionnelle mais pour cela, j'ai pris des risques et j'ai beaucoup travaillé, énormément travaillé, au point de me mobiliser jour et nuit pour que mes projets s'accomplissent.

J'ai connu de nombreux moments de satisfaction intense, j'ai aussi rencontré des difficultés douloureuses, mais je pense avoir été relativement épargné. Curieusement, je suis incapable de décrire spontanément ce que j'ai ressenti dans ces instants d'extase ou de grande désillusion, excepté la satisfaction ou la déception des collaborateurs, la joie ou la peine des supporters. J'ai vécu des événements forts que j'ai ensuite enfouis au fond de ma mémoire, m'évertuant de ne penser qu'au lendemain, à avancer, à me projeter sur autre chose. Aujourd'hui je me souviens essentiellement de mes premiers succès commerciaux, avec CEGI puis dans les premières années de Cegid quand simple commercial et patron en même temps je remportais de gros marchés et gagnais une incroyable confiance en moi qui m'a permis d'écrire la suite de mon histoire. J'ai bien sûr commis des erreurs, raté des opportunités ou pris parfois de mauvaises décisions mais je n'ai que très peu de regrets. On ne réécrit jamais l'histoire et je trouve par conséquent inutile de se lamenter ou de culpabiliser par une sorte de plaisir malsain alors qu'on ne sait pas ce qu'il serait advenu au gré d'autres décisions ou orientations. En revanche je m'en veux d'avoir eu certaines attitudes ou certains propos à un moment donné, à l'encontre de tel employé, arbitre ou journaliste. Vis-à-vis de ces situations, j'éprouve des remords et je regrette amèrement ces réactions qu'aucun contexte ne peut justifier

Et puis il y a ce dont la vie m'a privé avec le départ de ma mère puis celui de mon père. J'aurais tellement aimé qu'ils puissent tous les deux voir ce que la confiance qu'ils m'avaient accordée en acceptant mon émancipation m'avait permis de bâtir et de devenir.

Entreprendre c'est imaginer, développer, construire, autant de préoccupations qui m'ont animé toute ma vie. J'aurais peut-être pu faire mieux mais je suis déjà extrêmement heureux des trajectoires de Cegid et de l'OL. Partant de rien, j'ai contribué à la création de trois mille emplois, proposé aux entreprises des solutions informatiques toujours plus innovantes et Cegid est devenu une référence européenne de son secteur. L'OL existe depuis 1950, donc bien avant mon arrivée en 1987, mais cette institution est passée du statut de club de quartier à celui d'une entreprise forte de plus de cinq cents salariés, désormais reconnue à l'échelon européen et même mondial grâce aux exploits de l'équipe féminine.

Retour en première division en 1989 puis en Coupe d'Europe en 1991 ; Coupe de la Ligue en 2001, Coupes de France en 2008 et 2012, sept titres consécutifs de champion de France et sept Trophées des Champions pour l'équipe masculine ; quinze titres de champion de France dont quatorze de rang pour l'équipe féminine mais aussi neuf Coupes de France, deux Trophées des championnes et huit victoires en Ligue des Champions : un palmarès fort de plus de cinquante titres et inscrit en bonne place dans l'histoire du football français.

En 1987, l'OL était très discret en France et invisible au niveau continental, il est aujourd'hui le club français qui a disputé le plus de matchs européens et il est le seul à se prévaloir d'être propriétaire de son stade. Beaucoup de gens, amateurs de football ou non, que je rencontre lors de mes déplacements professionnels, me témoignent leur admiration à l'égard de ce qui a été construit à Lyon. Je suis sensible à pareille reconnaissance et cela me réconforte face à des réseaux sociaux qui s'agitent – même si leur vision est systématiquement basée sur le court terme.

J'ai toujours pensé que la stratégie devait rendre les résultats inéluctables. Je ne peux donc qu'être heureux et fier d'un tel palmarès. Néanmoins, je le concède, mon parcours à l'OL me laisse un léger goût d'inachevé. La finalité était de faire gagner l'OL en France mais aussi en Europe chez les garçons ce qui n'a malheureusement pas été le cas et est un échec à mes yeux. Le mot peut paraître fort mais il est d'autant plus approprié qu'il m'a toujours été insupportable à envisager dans mes différentes prises d'initiative. L'arrivée de John Textor peut permettre d'autres ambitions avec Eagle Sports et comme je vais rester encore au moins trois ans à la présidence de l'OL, je ne cesserai jamais d'y croire.

Je suis entré depuis quelques années dans ma troisième « vie », avec toujours cette envie d'entreprendre mais sans ce besoin irrépressible de tout consacrer au développement de mes activités. Après avoir été si longtemps absent de la vie familiale, j'ai abouti une relation privilégiée avec mon fils Alexandre, mes deux petits-enfants et ma sœur, développé des relations amicales qui ne sont plus uniquement centrées sur mes activités professionnelles si envahissantes, et découvert un nouvel équilibre affectif offert par ma nouvelle compagne et ses trois enfants.

Mon plus grand bonheur est incontestablement d'avoir redécouvert mon fils ces dernières années en partageant son plaisir de voir s'agrandir sa propre famille et en travaillant ensemble dans le holding qu'il a rejoint en 2011 à l'initiative de Patrick Bertrand, collaborateur exceptionnel puis ami sincère. Je lui apporte mon expérience dans les investissements faits dans les start-up qu'il identifie et nous avons finalisé ensemble la cession des entreprises pour lesquelles j'avais donné le meilleur de moi-même.

Je découvre la profondeur d'une relation père-fils que je n'ai pas pu ni su privilégier pendant trop longtemps en n'apportant pas à mon fils ce dont il avait besoin à un moment donné. Aujourd'hui, une confiance extrêmement dense nous lie et nous permet de développer ensemble professionnellement des projets extraordinaires comme celui d'Embassair, cette aérogare de Miami à la technologie extrêmement poussée mise en service début 2023 et qui me donne l'envie de continuer à bâtir et imaginer.

Un entrepreneur a le devoir de transmettre, ce que j'accepte volontiers de faire quand on me demande d'intervenir dans des écoles ou des entreprises. Mon envie est d'apporter à de jeunes diplômés mon vécu, ma détermination tout en démontrant qu'en France on peut partir de rien et réussir des choses extraordinaires pour peu qu'on s'en donne les moyens en termes de lucidité, de courage et de vision. Il faut réfléchir à ce dont on aura besoin demain, comment transformer une idée ou une invention en une solution commerciale ou industrielle et avoir toujours en tête de se réinventer tout en respectant ses valeurs, gage de sérénité et de bienveillance.

Remerciements

Je tiens à remercier les collaborateurs, les partenaires et tous ceux qui ne figurent pas dans ce livre mais qui m'ont également accompagné, encouragé, et aidé tout au long de ma carrière professionnelle. Ils m'ont eux aussi permis de vivre cette histoire formidable que je n'aurais jamais imaginée.

Cet ouvrage a été composé
par PCA
et achevé d'imprimer en février 2023
par Dupliprint à Domont (95)
pour le compte des éditions Stock
21, rue du Montparnasse, 75006 Paris

Imprimé en France

Dépôt légal : mars 2023
N° d'édition : 01 – N° d'impression : 2023014654
80-07-3198/4